NANDHINI I
SARANYA R
NELSON S

# APLICAÇÕES DA INTELIGÊNCIA ARTIFICIAL - INDÚSTRIA FARMACÊUTICA

NANDHINI I
SARANYA R
NELSON S

# APLICAÇÕES DA INTELIGÊNCIA ARTIFICIAL - INDÚSTRIA FARMACÊUTICA

- influência artificial

ScienciaScripts

**Imprint**
Any brand names and product names mentioned in this book are subject to trademark, brand or patent protection and are trademarks or registered trademarks of their respective holders. The use of brand names, product names, common names, trade names, product descriptions etc. even without a particular marking in this work is in no way to be construed to mean that such names may be regarded as unrestricted in respect of trademark and brand protection legislation and could thus be used by anyone.

Cover image: www.ingimage.com

This book is a translation from the original published under ISBN 978-620-6-74020-9.

Publisher:
Sciencia Scripts
is a trademark of
Dodo Books Indian Ocean Ltd. and OmniScriptum S.R.L publishing group

120 High Road, East Finchley, London, N2 9ED, United Kingdom
Str. Armeneasca 28/1, office 1, Chisinau MD-2012, Republic of Moldova, Europe
Printed at: see last page
**ISBN: 978-620-6-27201-4**

# *APLICAÇÃO DA INTELIGÊNCIA ARTIFICIAL - INDÚSTRIA FARMACÊUTICA*

***Er. I NANDHINI ME***

*Professor Assistente / Departamento de Engenharia Informática*

*Escola de Engenharia V.S.B - Karur, Tamil Nadu, Índia*

***Er. R SARANYA ME***

*Professor Assistente / Departamento de Engenharia Informática Sairam Institute of Technology - Virudhunagar, Tamil Nadu, Índia*

***Er. S NELSON ME***

*Professor Assistente / Departamento de Tecnologias da Informação*

*Escola de Engenharia V.S.B - Karur, Tamil Nadu, Índia*

***Dr. VIJAYAN GOPALSAMY***

*Professor Associado / Departamento de Engenharia Mecânica*

*Escola Superior de Engenharia e Tecnologia K.S.K - Kumbakonam, Tamil Nadu, Índia*

# ÍNDICE

# CAPÍTULO 1
# INTRODUÇÃO À INTELIGÊNCIA ARTIFICIAL

A inteligência artificial (IA) é um domínio multidisciplinar da ciência informática que se centra na criação de máquinas inteligentes capazes de imitar a inteligência humana e de realizar tarefas que tradicionalmente requerem a inteligência humana, como a resolução de problemas, a aprendizagem, a perceção e a tomada de decisões. A IA visa desenvolver sistemas informáticos e algoritmos capazes de perceber, raciocinar e agir de forma inteligente e autónoma. No fundo, a IA visa simular e reproduzir as funções e capacidades cognitivas humanas, permitindo que as máquinas processem e compreendam a informação, tomem decisões informadas e se adaptem a circunstâncias variáveis. Os sistemas de IA são concebidos para analisar e interpretar grandes volumes de dados, aprender com padrões e experiências e melhorar continuamente o seu desempenho através da auto-correção e adaptação. Alguns dos principais componentes e metodologias da IA incluem:

**Aprendizagem automática (AM):** O ML é um subconjunto da IA que se centra em algoritmos e modelos estatísticos que permitem aos computadores aprender e melhorar a partir de dados sem serem explicitamente programados. Os algoritmos de aprendizagem automática podem aprender automaticamente padrões, relações e conhecimentos a partir de grandes conjuntos de dados, permitindo que as máquinas façam previsões, classificações ou decisões com base em experiências passadas.

**Aprendizagem profunda:** A aprendizagem profunda é um tipo específico de ML que utiliza redes neurais artificiais com várias camadas para aprender e extrair representações hierárquicas dos dados. Os algoritmos de aprendizagem profunda destacam-se em tarefas como o reconhecimento de imagem e de voz, o processamento de linguagem natural e o reconhecimento de padrões complexos.

**Processamento de linguagem natural (PNL):** A PNL envolve a interação entre os computadores e a linguagem humana. Engloba tarefas como o reconhecimento do discurso, a compreensão da linguagem, a geração de linguagem e a tradução automática. A PNL permite às máquinas compreender, interpretar e gerar linguagem humana, facilitando a comunicação e a interação entre humanos e computadores.

**Visão computacional:** A visão computacional tem como objetivo permitir que os computadores interpretem e compreendam a informação visual de imagens ou vídeos. Envolve tarefas como o reconhecimento de imagens, a deteção de objectos, a segmentação de imagens e a compreensão de cenas. A visão por computador permite às máquinas analisar e interpretar dados visuais, à semelhança da forma como os seres humanos percepcionam e compreendem o mundo visual.

**Robótica:** A robótica combina a IA, a aprendizagem automática e a automação para desenvolver máquinas inteligentes, conhecidas como robôs, que podem interagir com o mundo físico. Os robôs podem perceber o seu ambiente, tomar decisões com base em dados sensoriais e manipular objectos utilizando actuadores mecânicos. Os robôs alimentados por IA têm aplicações em vários sectores, como a indústria transformadora, os cuidados de saúde, a agricultura e a exploração espacial.

A IA tem uma vasta gama de aplicações em todas as indústrias e sectores. Nos cuidados de saúde, a IA é utilizada para análise de imagens médicas, diagnóstico, descoberta de medicamentos e medicina personalizada. Nas finanças, os algoritmos de IA são utilizados para deteção de fraudes, negociação algorítmica e avaliação de riscos. Nos transportes, a IA é utilizada em veículos autónomos para navegação e reconhecimento de objectos. No serviço ao cliente, os chatbots e os assistentes virtuais alimentados por IA interagem com os clientes para prestar apoio e informações. Estes são apenas alguns exemplos de como a IA está a transformar vários domínios.

Embora a IA tenha registado avanços significativos, há desafios e considerações éticas que têm de ser abordados. Estas incluem preocupações com a privacidade e a segurança, a transparência e a responsabilidade dos algoritmos de IA, potenciais preconceitos e o impacto da automatização no emprego e na sociedade. Garantir o desenvolvimento, a implantação e a regulamentação responsáveis dos sistemas de IA é essencial para aproveitar os seus potenciais benefícios e, ao mesmo tempo, atenuar os riscos.

Em conclusão, a inteligência artificial engloba uma vasta gama de tecnologias e metodologias que permitem que as máquinas apresentem um comportamento inteligente, aprendam com os dados e executem tarefas que normalmente requerem a inteligência humana. Através da aprendizagem automática, da aprendizagem profunda, do processamento de linguagem natural, da visão por computador e da robótica, a IA tem o potencial de revolucionar as indústrias, melhorar os processos de tomada de decisão e melhorar a vida humana.

# CAPÍTULO 2

# INTRODUÇÃO À APRENDIZAGEM AUTOMÁTICA

A aprendizagem automática (AM) é um subdomínio da inteligência artificial (IA) que se centra no desenvolvimento de algoritmos e modelos que permitem aos computadores aprender e fazer previsões ou tomar decisões sem serem explicitamente programados. O princípio fundamental da aprendizagem automática é permitir que os computadores aprendam a partir de exemplos, observações ou dados sem serem explicitamente programados com instruções específicas para cada cenário. Em vez disso, os algoritmos de aprendizagem automática são treinados em conjuntos de dados rotulados ou experiências passadas para aprender padrões, relações e conhecimentos que podem ser generalizados para fazer previsões ou tomar decisões sobre dados novos e não vistos.

Existem vários componentes e conceitos-chave na aprendizagem automática:

**Dados:** Os dados estão no centro da aprendizagem automática. Servem de entrada para treinar e testar modelos de aprendizagem automática. Os dados podem ser estruturados (por exemplo, tabelas, bases de dados) ou não estruturados (por exemplo, texto, imagens, áudio). A qualidade, a dimensão e a diversidade dos dados desempenham um papel crucial no desempenho e na capacidade de generalização dos modelos de aprendizagem automática.

**Características:** As características são atributos ou características específicas extraídas dos dados que são utilizados como entradas para os modelos de ML. A engenharia de características envolve a seleção, transformação e representação das características relevantes que podem captar melhor os padrões e as informações necessárias para a tarefa em questão. Uma boa engenharia de características é muitas vezes crucial para o sucesso dos modelos de ML.

**Algoritmos:** Os algoritmos de aprendizagem automática formam os quadros matemáticos e computacionais utilizados para treinar modelos e fazer previsões ou tomar decisões. Estes algoritmos são concebidos para aprender automaticamente com os dados e ajustar os seus parâmetros internos para otimizar o desempenho. Exemplos de algoritmos de aprendizagem automática populares incluem regressão linear, árvores de decisão, máquinas de vectores de suporte, florestas aleatórias e redes neuronais.

**Treino e teste:** Os modelos de AM são treinados com dados rotulados, em que são fornecidas as respostas correctas ou os valores-alvo. Durante a fase de treino, o algoritmo ajusta os seus parâmetros internos com base nos dados de entrada e nas etiquetas associadas, com o objetivo de minimizar os erros ou discrepâncias entre os valores previstos e os valores reais. Os modelos treinados são depois testados em dados novos e não vistos para avaliar o seu desempenho e capacidade de generalização.

**Aprendizagem supervisionada e não supervisionada:** A aprendizagem supervisionada é um tipo de ML em que o algoritmo aprende a partir de dados rotulados, mapeando as características de entrada para valores-alvo conhecidos. Isto permite ao algoritmo fazer previsões ou classificar instâncias novas e não vistas. A aprendizagem não supervisionada, por outro lado, envolve a aprendizagem de padrões ou estruturas em dados não rotulados sem valores-alvo explícitos, como o agrupamento de pontos de dados semelhantes ou a descoberta de factores latentes nos dados.

**Métricas de avaliação: As métricas** de avaliação são utilizadas para avaliar o desempenho e a qualidade dos modelos de ML. As métricas de avaliação comuns incluem a exatidão, a precisão, a recuperação, a pontuação F1 e a área sob a curva caraterística de funcionamento do recetor (AUC-ROC), dependendo da tarefa específica (classificação, regressão, etc.) e da natureza dos dados.

# CAPÍTULO 3

# INTRODUÇÃO À INTELIGÊNCIA ARTIFICIAL NO SECTOR DA MEDICINA

Nos últimos anos, a intersecção entre a inteligência artificial (IA) e o sector médico desencadeou uma revolução transformadora que é extremamente promissora para o futuro dos cuidados de saúde. À medida que a IA continua a evoluir e a progredir, a sua aplicação na medicina abriu novas vias para o diagnóstico, o tratamento, os cuidados aos doentes e a investigação. Ao aproveitar o poder dos algoritmos de aprendizagem automática, das redes neuronais profundas e do processamento de linguagem natural, a IA tem o potencial de revolucionar a forma como os profissionais de saúde abordam os desafios dos cuidados de saúde, conduzindo a melhores resultados, maior eficiência e melhores experiências para os doentes.A inteligência artificial, no contexto do sector médico, refere-se ao desenvolvimento e utilização de sistemas informáticos que podem executar tarefas que normalmente requerem inteligência humana. Estes sistemas inteligentes têm a capacidade de analisar grandes quantidades de dados, identificar padrões e gerar conhecimentos que podem ajudar nos processos de tomada de decisões. Com o advento dos registos de saúde electrónicos, dos dispositivos portáteis e da crescente digitalização da informação médica, a IA ganhou acesso a uma riqueza de dados sem precedentes, alimentando o seu potencial para transformar profundamente os cuidados de saúde.

Uma das aplicações mais significativas da IA no sector médico é a imagiologia e o diagnóstico médicos. A radiologia, por exemplo, registou uma evolução notável com a introdução de algoritmos de IA capazes de analisar imagens médicas, como radiografias, tomografias computorizadas e ressonâncias magnéticas. Estes algoritmos podem detetar anormalidades com rapidez e precisão, ajudando os radiologistas a fazer diagnósticos mais precisos e a melhorar os resultados dos pacientes. Além disso, os sistemas de imagiologia alimentados por IA podem acelerar a deteção de condições críticas, permitindo uma intervenção atempada e potencialmente salvando vidas. Para além do diagnóstico, a IA está a revolucionar o campo da medicina personalizada. Ao analisar dados genéticos, registos médicos, informações sobre o estilo de vida e outros factores relevantes, os algoritmos de IA podem identificar padrões e correlações que ajudam a prever as respostas individuais dos doentes a tratamentos específicos. Isto permite terapias personalizadas e abordagens de medicina de precisão, optimizando a eficácia do tratamento e minimizando os efeitos adversos. A capacidade de tirar partido da IA para cuidados específicos dos doentes tem o potencial de inaugurar uma nova era nos cuidados de saúde, afastando-se das abordagens de tamanho único para intervenções personalizadas.

Outra área em que a IA está a fazer progressos significativos é no domínio da monitorização dos doentes e da gestão dos cuidados de saúde. Os dispositivos portáteis equipados com sensores e algoritmos de IA podem recolher e analisar continuamente os sinais vitais, alertando tanto os doentes como os prestadores de cuidados de saúde para quaisquer anomalias ou potenciais riscos para a saúde. Esta monitorização em tempo real permite que os indivíduos tomem medidas proactivas para o seu bem-estar, ao mesmo tempo que fornece dados valiosos para os profissionais de saúde tomarem decisões mais informadas. Além disso, a IA pode ajudar a simplificar as tarefas administrativas, otimizar os fluxos de trabalho hospitalares e reduzir os custos dos cuidados de saúde, libertando o pessoal médico para se concentrar mais nos cuidados directos aos doentes.

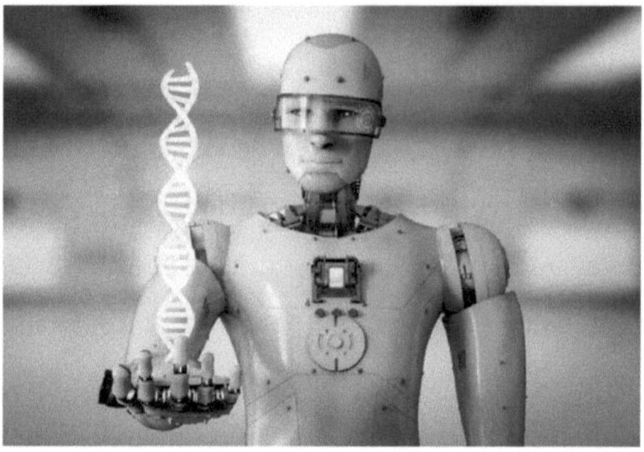

Além disso, a IA está a desempenhar um papel fundamental na descoberta e desenvolvimento de medicamentos. Os métodos tradicionais de identificação e conceção de novos medicamentos são demorados e dispendiosos. No entanto, os algoritmos alimentados por IA podem analisar rapidamente vastas bases de dados de compostos químicos, prever a sua atividade biológica e identificar potenciais candidatos a medicamentos. Este processo acelerado de descoberta de medicamentos tem o potencial de acelerar a disponibilidade de novas terapias, melhorando as opções de tratamento para os doentes que sofrem de uma vasta gama de doenças. Embora a integração da IA no sector médico traga enormes oportunidades, também apresenta desafios éticos e regulamentares. A implementação responsável da IA exige medidas robustas de privacidade dos dados, algoritmos transparentes e uma avaliação contínua para garantir a segurança dos doentes e manter a confiança do público. Encontrar o equilíbrio certo entre inovação e considerações éticas é crucial para a adoção bem sucedida e a sustentabilidade a longo prazo da IA nos cuidados de saúde. Em conclusão, a intersecção entre a inteligência artificial e o sector médico é extremamente promissora para revolucionar os cuidados de saúde. Desde o diagnóstico melhorado e a medicina personalizada até à monitorização dos doentes e à descoberta de medicamentos, a IA está a remodelar o panorama da medicina, a capacitar os profissionais de saúde e a melhorar os cuidados prestados aos doentes. Ao tirar partido do poder da IA, estamos preparados para desbloquear novas fronteiras na investigação médica, no diagnóstico e no tratamento, conduzindo, em última análise, a um sistema de saúde mais saudável, mais eficiente e centrado no doente.

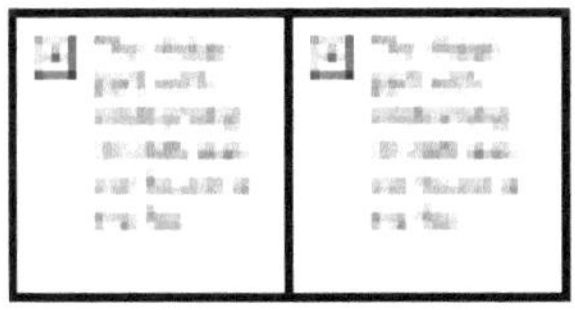

# CAPÍTULO 4

# INTRODUÇÃO À APRENDIZAGEM AUTOMÁTICA NO SECTOR MÉDICO

A aprendizagem automática, um subcampo da inteligência artificial, surgiu como um fator de mudança no sector médico, revolucionando a forma como os profissionais de saúde analisam, interpretam e utilizam grandes quantidades de dados. Ao utilizar algoritmos sofisticados e modelos estatísticos, os algoritmos de aprendizagem automática têm a capacidade de aprender com os dados, identificar padrões e fazer previsões ou tomar decisões sem programação explícita. A integração da aprendizagem automática no sector médico representa uma mudança de paradigma, permitindo a extração de conhecimentos valiosos de conjuntos de dados complexos que seriam difíceis de processar manualmente por humanos. Com a proliferação de registos de saúde electrónicos, dados genómicos, imagiologia médica, dispositivos portáteis e outras fontes de informação sobre cuidados de saúde, os algoritmos de aprendizagem automática podem analisar e interpretar esta riqueza de dados para fornecer informações úteis, aumentando as capacidades dos profissionais de saúde e melhorando os cuidados prestados aos doentes. A radiologia, por exemplo, assistiu a uma transformação com o advento de algoritmos de aprendizagem automática capazes de detetar com precisão anomalias e ajudar os radiologistas a diagnosticar doenças como tumores, fracturas e doenças cardiovasculares. Estes algoritmos aprendem a partir de conjuntos de dados anotados e podem subsequentemente analisar imagens médicas como raios X, tomografias computorizadas e ressonâncias magnéticas com uma velocidade e precisão notáveis, melhorando a precisão do diagnóstico e reduzindo o tempo necessário para a interpretação. Ao analisar os dados históricos dos pacientes, os modelos de aprendizagem automática podem identificar padrões e factores de risco que prevêem a probabilidade de desenvolver doenças específicas ou eventos de saúde adversos. Isto permite aos prestadores de cuidados de saúde intervir proactivamente, implementar medidas preventivas e personalizar planos de tratamento para obter melhores resultados para os doentes. Os algoritmos de aprendizagem automática também podem ajudar a prever a eficácia de determinados tratamentos ou intervenções, ajudando os profissionais de saúde a otimizar as escolhas terapêuticas e a evitar abordagens potencialmente ineficazes ou prejudiciais. Os dados genómicos, com a sua vasta complexidade, têm um enorme potencial para os cuidados de saúde personalizados. Os algoritmos de aprendizagem automática podem analisar a informação genética e identificar marcadores genéticos associados a doenças específicas ou a respostas a tratamentos. Este conhecimento permite aos prestadores de cuidados de saúde adaptar os planos de tratamento e as intervenções a cada doente, optimizando a eficácia da terapia e minimizando os efeitos adversos. Os modelos de aprendizagem automática também podem ajudar a identificar potenciais alvos de medicamentos ou a desenvolver regimes de medicamentos personalizados com base na composição genética de um indivíduo.

Para além do diagnóstico e do tratamento, a aprendizagem automática está a revolucionar a gestão dos cuidados de saúde e a eficiência operacional. Os modelos preditivos podem ajudar a prever as taxas de admissão de doentes, otimizar a atribuição de recursos e simplificar os fluxos de trabalho dos hospitais, o que conduz a uma prestação de cuidados de saúde mais eficiente e a uma redução dos custos. Os algoritmos de aprendizagem automática também podem ajudar a automatizar tarefas administrativas, como a codificação e a faturação, permitindo que os profissionais de saúde se concentrem mais nos cuidados directos aos doentes. A privacidade e a segurança dos dados dos doentes, a transparência dos algoritmos, a atenuação de preconceitos e a manutenção da supervisão humana são factores críticos que devem ser cuidadosamente abordados. Em conclusão, a integração da aprendizagem automática no sector médico revolucionou os cuidados de saúde ao permitir a análise e interpretação de conjuntos de dados vastos e complexos. Desde a análise de imagens médicas e a análise preditiva até à medicina de precisão e à gestão dos cuidados de saúde, a aprendizagem automática tem o potencial de transformar todos os aspectos da prestação de cuidados de saúde. Ao aumentar as capacidades dos profissionais de saúde e ao fornecer informações baseadas em dados, a aprendizagem automática está preparada para melhorar o diagnóstico, o planeamento do tratamento, os resultados dos doentes e a eficiência geral dos cuidados de saúde, conduzindo a um futuro da medicina mais brilhante e mais centrado no doente.

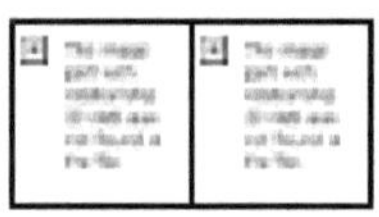

# CAPÍTULO 5

# INTRODUÇÃO À IA E À ML NO SECTOR MÉDICO

A combinação da inteligência artificial (IA) e da aprendizagem automática (ML) no sector médico surgiu como uma dupla poderosa, pronta a revolucionar a prestação de cuidados de saúde, os resultados para os doentes e a investigação médica. Ao aproveitar as capacidades da IA e os sofisticados algoritmos de aprendizagem do ML, os profissionais de saúde podem tirar partido de grandes quantidades de dados, extrair informações valiosas e tomar decisões mais informadas. A sinergia entre a IA e o ML no domínio da medicina é muito promissora para acelerar o diagnóstico, melhorar a eficácia do tratamento, permitir a medicina personalizada e fazer avançar o conhecimento médico. A inteligência artificial refere-se ao desenvolvimento de sistemas inteligentes que podem imitar a inteligência humana e executar tarefas que exigem raciocínio complexo, aprendizagem e resolução de problemas. A aprendizagem automática, por outro lado, é um subconjunto da IA que se centra em algoritmos e modelos estatísticos que permitem aos computadores aprender a partir de dados sem programação explícita. Em conjunto, a IA e o ML criam uma combinação poderosa que pode analisar, interpretar e extrair significado de conjuntos de dados grandes e diversificados, dotando os profissionais de saúde de ferramentas para melhorar os cuidados prestados aos doentes e impulsionar a inovação médica.

Uma das principais aplicações da IA e do ML no sector médico é a imagiologia e o diagnóstico médicos. Com a capacidade de aprender a partir de vastos repositórios de imagens médicas, os algoritmos de IA e ML podem analisar de forma rápida e precisa exames radiológicos, como raios X, tomografias computorizadas e ressonâncias magnéticas, para detetar anomalias e ajudar os radiologistas a fazer diagnósticos mais precisos. Ao analisar extensos conjuntos de dados de imagens, estes algoritmos podem reconhecer padrões e anomalias que podem passar despercebidos ao olho humano, levando à deteção precoce de doenças e a melhores resultados para os doentes. Combinando dados de pacientes, informação genética, factores de estilo de vida e registos médicos, os algoritmos de IA e ML podem identificar padrões e correlações que ajudam a prever a resposta de cada paciente a tratamentos específicos. Isto permite aos profissionais de saúde desenvolver planos de tratamento personalizados, optimizando as intervenções terapêuticas e minimizando os efeitos adversos. A integração da IA e do ML na medicina personalizada tem o potencial de mudar os cuidados de saúde de uma abordagem de tamanho único para uma abordagem mais precisa e direccionada, resultando em melhores resultados e experiências para os doentes.

Para além do diagnóstico e da medicina personalizada, a IA e o ML estão a desempenhar um papel crucial na descoberta e desenvolvimento de medicamentos. Os métodos tradicionais de identificação de novos medicamentos são morosos e dispendiosos, mas os algoritmos de IA e ML podem analisar rapidamente vastas bases de dados de compostos químicos, prever a sua atividade biológica e identificar potenciais candidatos a medicamentos. Ao acelerar o processo de descoberta de medicamentos, esta combinação tem o potencial de acelerar a disponibilidade de terapias inovadoras, respondendo a necessidades médicas não satisfeitas e melhorando as opções de tratamento para os doentes.

Além disso, a IA e o ML estão a ser utilizados na gestão dos cuidados de saúde e na eficiência operacional. Os modelos de análise preditiva podem prever as admissões de doentes, otimizar a atribuição de recursos e simplificar os fluxos de trabalho hospitalares, conduzindo a uma maior eficiência e a custos reduzidos. Estas tecnologias também podem automatizar tarefas administrativas, como a codificação e a faturação, libertando os profissionais de saúde para se concentrarem mais nos cuidados aos doentes e melhorando a prestação de cuidados de saúde em geral. No entanto, como acontece com qualquer tecnologia, a integração da IA e do ML no sector médico também levanta considerações e desafios éticos. Garantir a privacidade dos dados dos doentes, abordar as tendências dos algoritmos, manter a transparência dos algoritmos e estabelecer orientações para a supervisão humana são factores cruciais que devem ser cuidadosamente abordados para garantir uma utilização responsável e ética.

Em conclusão, a combinação da inteligência artificial e da aprendizagem automática no sector médico está a transformar os cuidados de saúde, dotando os profissionais de saúde de ferramentas poderosas para analisar dados complexos, fazer diagnósticos precisos e desenvolver planos de tratamento personalizados. Desde a imagiologia médica e o diagnóstico até à medicina personalizada e à descoberta de medicamentos, a sinergia entre a IA e o ML está a revolucionar todas as facetas da prestação de cuidados de saúde. Ao aproveitar o potencial desta combinação, estamos a entrar numa nova era de cuidados de saúde que é mais precisa, eficiente e centrada no paciente, oferecendo oportunidades sem precedentes para melhorar os resultados dos pacientes e melhorar a qualidade geral dos cuidados.

# CAPÍTULO 6

# APLICAÇÕES DA INTELIGÊNCIA ARTIFICIAL NO SECTOR DA MEDICINA

A inteligência artificial (IA) tem inúmeras aplicações no sector médico, transformando vários aspectos da prestação de cuidados de saúde, do diagnóstico, do tratamento e da investigação. Eis algumas aplicações pormenorizadas da IA no sector médico:

**Análise de imagens médicas:** A IA revolucionou a interpretação de imagens médicas ao melhorar a precisão e a eficiência. Os algoritmos de aprendizagem automática podem analisar imagens médicas, como radiografias, tomografias computorizadas e ressonâncias magnéticas, para detetar anomalias, tumores, fracturas e outras condições. A análise de imagens com recurso à IA permite aos radiologistas efetuar diagnósticos mais precisos, detetar doenças em fases mais precoces e reduzir o tempo de interpretação.

**Diagnóstico assistido por computador:** Os algoritmos de IA podem ajudar a diagnosticar doenças através da análise de dados de pacientes, registos médicos e sintomas. Estes algoritmos aprendem com grandes conjuntos de dados a identificar padrões e correlações, ajudando os profissionais de saúde a fazer diagnósticos exactos. Foram desenvolvidos sistemas de diagnóstico baseados em IA para várias doenças, incluindo cancros, doenças cardíacas e perturbações neurológicas, melhorando a precisão e a rapidez do diagnóstico.

**Medicina personalizada:** A IA permite a medicina personalizada através da análise de dados individuais dos pacientes, incluindo informações genéticas, historial médico, factores de estilo de vida e respostas ao tratamento. Os modelos de aprendizagem automática podem identificar factores de risco específicos do paciente, prever a progressão da doença e determinar os melhores planos de tratamento. Esta abordagem melhora os resultados do tratamento, reduz os efeitos adversos e adapta as terapias a cada paciente.

**Descoberta e desenvolvimento de medicamentos:** A IA está a transformar o processo de descoberta de medicamentos, que tradicionalmente tem sido moroso e dispendioso. Os algoritmos de IA analisam vastas bases de dados de compostos químicos, prevêem as suas propriedades e interacções e identificam potenciais candidatos a medicamentos. Isto acelera a identificação de moléculas promissoras, aumenta a eficiência dos ensaios clínicos e acelera o desenvolvimento de novos medicamentos.

**Gestão de registos de saúde electrónicos (EHR):** Os algoritmos de IA podem analisar registos de saúde electrónicos, extraindo informações relevantes e facilitando a gestão de dados. As ferramentas alimentadas por IA podem automatizar tarefas como a codificação, a transcrição e a organização de registos, melhorando a eficiência das operações de cuidados de saúde e reduzindo a carga administrativa. A IA também pode ajudar na deteção de anomalias, assinalando potenciais erros ou inconsistências nos registos dos doentes.

**Assistentes virtuais e chatbots:** Os assistentes virtuais e os chatbots com IA podem interagir com os pacientes, fornecer informações médicas básicas, responder a perguntas e ajudar na marcação de consultas. Estes sistemas utilizam o processamento de linguagem natural para compreender e responder às questões dos pacientes, oferecendo apoio e informações em tempo útil. Os assistentes virtuais aumentam o envolvimento dos pacientes, melhoram o acesso aos serviços de saúde e aliviam a carga de trabalho dos profissionais de saúde.

Monitorização remota de doentes: Os dispositivos portáteis e os sistemas de monitorização remota com IA recolhem dados dos doentes em tempo real, como sinais vitais, níveis de atividade e padrões de sono. Os algoritmos de IA analisam estes dados, detectam anomalias e fornecem informações aos prestadores de cuidados de saúde. A monitorização remota dos doentes ajuda a detetar precocemente a deterioração da saúde, permite intervenções atempadas e melhora a gestão das doenças crónicas.

**Assistência cirúrgica e robótica: A** IA e a robótica estão a ser integradas nos procedimentos cirúrgicos para ajudar os cirurgiões e melhorar os resultados cirúrgicos. Os algoritmos de IA analisam dados pré-operatórios, fornecem orientação cirúrgica e aumentam a precisão durante os procedimentos. Os sistemas cirúrgicos robóticos permitem a cirurgia minimamente invasiva, oferecendo maior precisão e controlo, reduzindo o tempo de recuperação e minimizando o risco de complicações.

**Investigação clínica e análise de dados:** A IA facilita a análise de dados em grande escala para investigação clínica e estudos de saúde da população. Os algoritmos de aprendizagem automática podem analisar conjuntos de dados maciços, identificar padrões e extrair conhecimentos que ajudam a compreender a doença, a avaliar a eficácia do tratamento e as intervenções de saúde pública. A IA ajuda os investigadores a revelar novas associações, a descobrir novos biomarcadores e a fazer progredir os conhecimentos médicos. É de salientar que a adoção da IA no sector médico deve ter em conta considerações éticas, incluindo a privacidade dos dados, a transparência dos algoritmos, a atenuação de preconceitos e a garantia de supervisão humana. A integração responsável da IA garante a segurança dos doentes, mantém a confiança e protege contra potenciais riscos. A aprendizagem automática tem uma vasta gama de aplicações em vários domínios. É utilizada no reconhecimento de imagens e de voz, no processamento de linguagem natural, em sistemas de recomendação, na deteção de fraudes, na análise de sentimentos, no diagnóstico médico, em veículos autónomos, na previsão financeira e em muitos outros domínios. No entanto, a aprendizagem automática também apresenta desafios e considerações, como a necessidade de dados diversificados e de elevada qualidade, potenciais enviesamentos nos dados de treino, sobreajustamento ou subajustamento dos modelos e interpretabilidade e transparência dos algoritmos de aprendizagem automática. Em resumo, a aprendizagem automática é um poderoso subcampo da inteligência artificial que permite aos computadores aprender com os dados e fazer previsões ou tomar decisões. Ao treinar modelos em conjuntos de dados rotulados, os algoritmos de aprendizagem automática extraem padrões e relações, o que lhes permite generalizar para dados novos e não vistos e realizar tarefas como a classificação, a regressão, o agrupamento e a deteção de anomalias. A aprendizagem automática transformou os sectores e continua a fazer avançar a nossa capacidade de analisar dados complexos

## 6.1 Aplicação da IA na imagiologia médica Análise

A inteligência artificial (IA) fez avanços significativos na análise de imagens médicas, transformando o campo e melhorando a precisão, a eficiência e a velocidade do diagnóstico. Seguem-se algumas aplicações pormenorizadas da IA na análise de imagens médicas: Classificação e segmentação de imagens: Os algoritmos de IA podem analisar imagens médicas, tais como raios X, tomografias computorizadas, ressonâncias magnéticas e ultra-sons, para classificar e segmentar várias estruturas e anomalias. As redes neurais convolucionais (CNN) e os modelos de aprendizagem profunda podem identificar e localizar automaticamente regiões anatómicas ou patologias específicas, como tumores, lesões ou fracturas. A segmentação baseada em IA ajuda no planeamento do tratamento, na orientação cirúrgica e na monitorização da progressão da doença.

**Deteção assistida por computador (CAD):** Os algoritmos de IA podem funcionar como sistemas de deteção assistida por computador, assinalando áreas suspeitas ou anomalias em imagens médicas. Estes sistemas podem ajudar os radiologistas a identificar potenciais anomalias que podem passar despercebidas durante a inspeção visual. Os sistemas CAD podem ajudar na deteção precoce de doenças, como o cancro do pulmão, o cancro da mama e as doenças cardiovasculares, melhorando a precisão e a eficiência globais do diagnóstico.

**Análise quantitativa de imagens:** A IA permite a extração de medidas e características quantitativas de imagens médicas. Ao analisar as intensidades dos pixels, as texturas, as formas e as relações espaciais, os algoritmos de IA podem quantificar características específicas de lesões, tumores ou estruturas anatómicas. Esta análise quantitativa de imagens ajuda na caraterização da doença, na avaliação da resposta ao tratamento e na monitorização da progressão da doença.

**Radiómica e modelação preditiva:** As técnicas de IA, combinadas com a radiómica, permitem a extração de um grande número de características quantitativas de imagens médicas. Estas características, juntamente com dados clínicos, podem ser utilizadas para desenvolver modelos preditivos de prognóstico, resposta ao tratamento e resultados dos doentes. Os modelos preditivos baseados em IA ajudam na medicina personalizada, identificando os doentes com maior probabilidade de responder a tratamentos específicos e prevendo os resultados da doença.

**Reconstrução e melhoramento de imagens:** Os algoritmos de IA podem melhorar e reconstruir imagens médicas para melhorar a qualidade da imagem, reduzir o ruído e melhorar os detalhes. Os modelos de aprendizagem profunda podem aprender o mapeamento entre imagens de baixa qualidade e imagens de referência de alta qualidade, permitindo a geração de imagens melhoradas. As técnicas de reconstrução e melhoramento de imagens baseadas em IA ajudam a melhorar a interpretabilidade das imagens médicas e contribuem para um diagnóstico exato.

**Otimização e priorização do fluxo de trabalho:** Os algoritmos de IA podem ajudar na otimização do fluxo de trabalho, dando automaticamente prioridade e fazendo a triagem de imagens médicas com base na urgência ou complexidade. A IA pode analisar e dar prioridade à ordem pela qual as imagens médicas são revistas, garantindo que os casos críticos recebem atenção imediata. Esta otimização do fluxo de trabalho de interpretação de imagens ajuda a reduzir o tempo de resposta e a melhorar os cuidados prestados aos doentes.

**Integração e fusão de dados:** A IA permite a integração e a fusão de dados de imagiologia médica multimodal, como a combinação de informações de exames de RM, PET e TAC. Os algoritmos de IA podem aprender com os dados combinados para fornecer uma compreensão mais abrangente e exacta da patologia subjacente. A análise integrada de dados ajuda a melhorar a precisão do diagnóstico e o planeamento do tratamento.

**Controlo de qualidade e deteção de erros:** Os algoritmos de IA podem efetuar verificações de controlo de qualidade em imagens médicas, garantindo que estas cumprem determinadas normas antes da análise. A IA pode detetar artefactos, distorções de imagem ou erros de aquisição, alertando os radiologistas para potenciais problemas que possam afetar a precisão do diagnóstico. Os sistemas de controlo de qualidade baseados em IA ajudam a manter a qualidade e a consistência da imagem em diferentes dispositivos e protocolos de imagiologia.

A aplicação da IA na análise de imagens médicas tem o potencial de melhorar a precisão do diagnóstico, reduzir a variabilidade e aumentar a eficiência dos radiologistas e de outros profissionais de saúde. No entanto, é crucial garantir a robustez, a fiabilidade e a interpretabilidade dos algoritmos de IA e dispor de quadros regulamentares e considerações éticas adequadas para uma integração responsável na prática clínica.

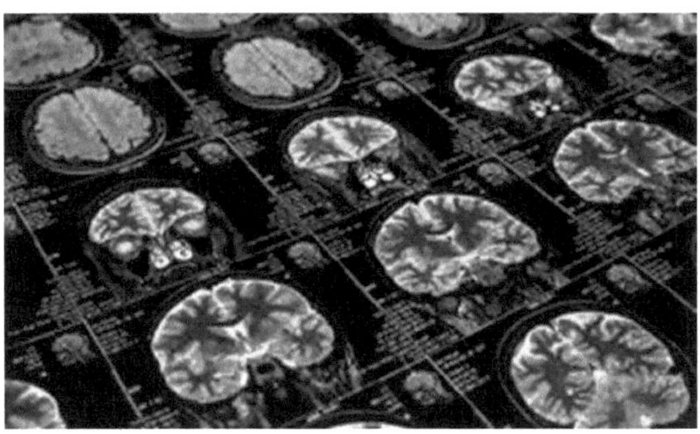

## 6.2 Aplicação da CA no diagnóstico assistido por computador

A inteligência artificial (IA) teve um impacto significativo no diagnóstico assistido por computador (CAD), ajudando os profissionais de saúde a interpretar com exatidão os dados médicos e a melhorar a precisão do diagnóstico. Eis algumas aplicações pormenorizadas da IA no diagnóstico assistido por computador:

**Análise de imagens médicas:** Os algoritmos de IA podem analisar imagens médicas, como raios X, tomografias computorizadas, ressonâncias magnéticas, mamografias e lâminas histopatológicas, para ajudar a detetar anomalias e fornecer apoio ao diagnóstico. Os modelos de aprendizagem profunda, como as redes neuronais convolucionais (CNN), podem aprender com grandes conjuntos de dados de imagens marcadas para identificar padrões, lesões, tumores ou outras anomalias. Os sistemas CAD alimentados por IA ajudam na deteção precoce, reduzem os falsos positivos/negativos e fornecem uma segunda opinião aos radiologistas e patologistas.

**Avaliação e previsão de riscos:** A IA pode ajudar na avaliação e previsão de riscos através da análise dos dados dos doentes, incluindo registos médicos, informações genéticas e parâmetros clínicos. Os algoritmos de aprendizagem automática podem identificar padrões e correlações entre vários factores para estimar a probabilidade de doenças ou condições de saúde específicas. Os modelos de avaliação de risco baseados em IA ajudam na intervenção precoce, na prevenção de doenças e no planeamento de tratamentos personalizados.

**Sistemas de apoio à decisão clínica (CDSS):** Os CDSS alimentados por IA podem analisar os dados dos pacientes, incluindo o historial médico, os sintomas e os resultados dos testes, para fornecer recomendações baseadas em provas e apoiar a tomada de decisões clínicas. Ao tirar partido de técnicas de aprendizagem automática, os CDSS podem sugerir potenciais diagnósticos, propor opções de tratamento adequadas e alertar os profissionais de saúde para potenciais interacções medicamentosas ou efeitos adversos. Os CDSS baseados em IA melhoram a exatidão dos diagnósticos, reduzem os erros e melhoram os cuidados prestados aos doentes.

**Patologia e análise histopatológica:** Os algoritmos de IA podem ajudar os patologistas a analisar lâminas de histopatologia e a identificar anomalias nos tecidos ou células cancerígenas. Ao treinar em grandes conjuntos de dados anotados, os modelos de IA podem aprender a detetar padrões e a classificar diferentes tipos de células ou estruturas de tecidos. A análise patológica baseada em IA melhora a precisão, reduz a carga de trabalho e permite um diagnóstico mais rápido.

**Análise de dados moleculares:** A IA pode analisar dados moleculares, como perfis de expressão genética ou dados de sequenciação genética, para ajudar no diagnóstico de doenças e na seleção de tratamentos. Ao identificar marcadores genéticos ou mutações associadas a doenças específicas, os algoritmos de IA podem ajudar na medicina personalizada, prevendo a resposta ao tratamento e orientando terapias direccionadas. A análise de dados moleculares baseada em IA facilita as abordagens de medicina de precisão.

**Análise de electrocardiogramas (ECG):** Os algoritmos de IA podem analisar dados de ECG para detetar anomalias cardíacas, arritmias ou eventos isquémicos. Os modelos de aprendizagem automática podem aprender com grandes conjuntos de dados de ECG a identificar padrões de forma de onda específicos, prolongamento do QT ou alterações do segmento ST que possam indicar problemas cardíacos. A análise de ECG com recurso a IA ajuda na deteção precoce, estratificação de riscos e intervenção atempada em doenças cardiovasculares.

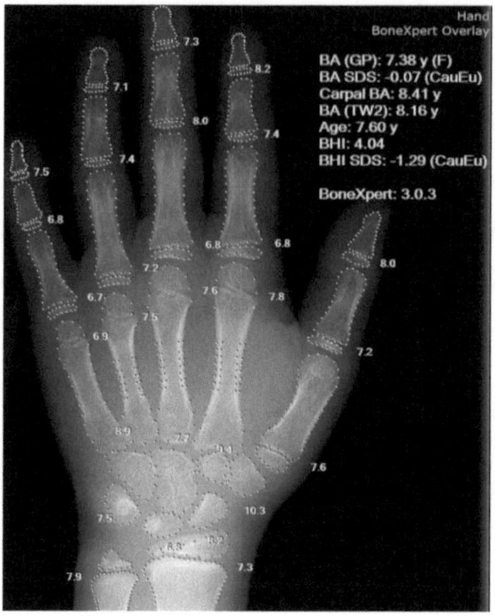


**Rastreio e deteção precoce:** A IA pode ajudar nos programas de rastreio para a deteção precoce de doenças, como o cancro da mama, o cancro do pulmão ou a retinopatia diabética. Ao analisar imagens médicas ou dados de pacientes, os algoritmos de IA podem identificar potenciais anomalias ou indivíduos de alto risco que possam necessitar de uma avaliação mais aprofundada. As ferramentas de rastreio baseadas em IA melhoram a sensibilidade, reduzem os falsos negativos e permitem uma intervenção precoce para obter melhores resultados para os doentes.

**Integração de múltiplas fontes de dados:** A IA permite a integração e a análise de múltiplas fontes de dados, incluindo imagens médicas, registos de pacientes, resultados laboratoriais e dados genómicos. Ao combinar informações de várias modalidades, os algoritmos de IA podem fornecer uma visão abrangente do estado de saúde do doente e ajudar a efetuar diagnósticos e tomar decisões de tratamento mais precisas.

A aplicação da IA no diagnóstico assistido por computador tem o potencial de aumentar a precisão do diagnóstico, melhorar os resultados para os doentes e aliviar a carga de trabalho dos profissionais de saúde. No entanto, é crucial garantir a validação, a transparência e a utilização ética dos algoritmos de IA, bem como o envolvimento dos profissionais de saúde no processo de tomada de decisões, para garantir a segurança dos doentes e manter a confiança no processo de diagnóstico.

## 6.3 Aplicação de AL em medicina personalizada

A inteligência artificial (IA) tem um impacto significativo na medicina personalizada, tirando partido de dados específicos dos doentes e de algoritmos avançados para adaptar as decisões e os tratamentos de cuidados de saúde. Eis algumas aplicações pormenorizadas da IA na medicina personalizada: **Avaliação do risco de doença:** Os algoritmos de IA podem analisar a informação genética, o historial médico, os factores de estilo de vida e os dados ambientais de um paciente para avaliar o seu risco de desenvolver doenças específicas. Os modelos de aprendizagem automática podem identificar padrões, marcadores genéticos ou interacções gene-ambiente associadas à suscetibilidade a doenças. Os modelos de avaliação de risco baseados em IA ajudam na intervenção precoce, nas medidas preventivas e na gestão personalizada da saúde.

**Seleção e otimização do tratamento:** Os algoritmos de IA podem analisar grandes quantidades de dados dos doentes, incluindo perfis genómicos, registos médicos, dados de ensaios clínicos e resultados de tratamentos, para orientar a seleção do tratamento e otimizar os planos terapêuticos. Os modelos de aprendizagem automática podem identificar biomarcadores, variações genéticas ou características dos doentes que influenciam a resposta ao tratamento. A otimização do tratamento com base em IA apoia decisões terapêuticas personalizadas e melhora os resultados do tratamento.

**Farmacogenómica:** A IA permite a análise de dados genéticos para prever as reacções individuais aos medicamentos. Ao considerar as variações genéticas e os padrões de metabolismo dos medicamentos de um paciente, os algoritmos de IA podem orientar a seleção de medicamentos, o ajuste da dosagem e identificar potenciais reacções adversas aos medicamentos. A farmacogenómica baseada na IA ajuda a melhorar a eficácia dos medicamentos, a reduzir os efeitos adversos e a evitar tratamentos ineficazes.

**Sistemas de Apoio à Decisão Clínica (CDSS):** Os CDSS alimentados por IA podem integrar dados de pacientes, conhecimentos médicos e literatura científica para fornecer recomendações personalizadas aos profissionais de saúde. Ao analisar as características específicas do paciente e ao compará-las com uma vasta base de dados de informações médicas, os algoritmos de IA podem sugerir testes de diagnóstico, opções de tratamento e fornecer orientações baseadas em provas. Os CDSS baseados em IA melhoram a tomada de decisões clínicas, reduzem os erros e melhoram os cuidados prestados aos doentes.

**Monitorização remota de doentes:** Os algoritmos de IA podem analisar dados de pacientes em tempo real a partir de dispositivos portáteis, sensores e sistemas de monitorização remota. Ao monitorizar os sinais vitais, a atividade física, os padrões de sono e outros parâmetros relacionados com a saúde, a IA pode fornecer informações personalizadas, deteção precoce de anomalias e alertas para uma intervenção atempada. A monitorização remota de doentes com base em IA permite uma gestão proactiva e personalizada dos cuidados.

**Análise preditiva:** As técnicas de IA, combinadas com dados de doentes e modelos de doença, podem prever a progressão da doença, a resposta ao tratamento e os resultados dos doentes. Ao analisar dados históricos e identificar padrões, os algoritmos de IA podem estimar a probabilidade de progressão da doença, identificar indivíduos de alto risco e informar as decisões de tratamento. A análise preditiva baseada em IA facilita as intervenções proactivas e o planeamento de cuidados personalizados.

**Mudança de comportamento de saúde:** Os algoritmos de IA podem analisar os dados dos doentes, incluindo factores de estilo de vida, determinantes sociais e padrões de comportamento, para fornecer recomendações personalizadas para a mudança de comportamentos de saúde. Ao tirar partido das técnicas de aprendizagem automática, a IA pode identificar intervenções, incentivos ou estratégias específicas para encorajar hábitos saudáveis e melhorar a participação dos doentes nos seus próprios cuidados de saúde.

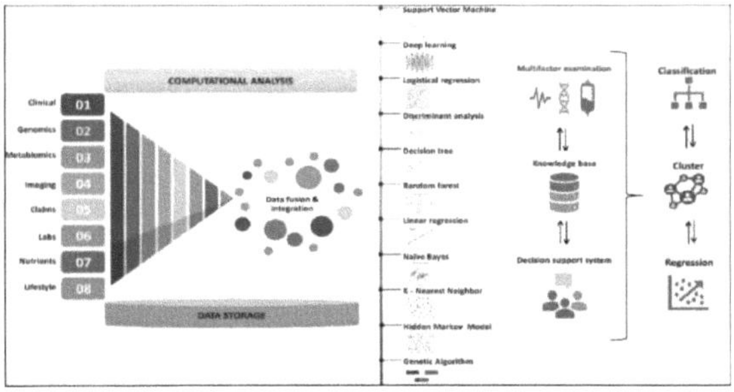


**Conceção de ensaios clínicos e recrutamento de doentes:** Os algoritmos de IA podem otimizar a conceção de ensaios clínicos, o recrutamento de doentes e a seleção de participantes através da análise das características dos doentes, dos registos médicos e dos perfis genómicos. Ao identificar coortes de pacientes específicos que têm maior probabilidade de responder a determinados tratamentos ou terapias, a IA pode melhorar a eficiência e as taxas de sucesso dos ensaios clínicos. A otimização dos ensaios clínicos com base na IA apoia a medicina personalizada e facilita um desenvolvimento mais rápido dos medicamentos. A integração da IA na medicina personalizada tem um grande potencial para melhorar os resultados dos doentes, reduzir os custos dos cuidados de saúde e fazer avançar os cuidados de saúde de precisão. No entanto, é crucial abordar os desafios relacionados com a privacidade dos dados, a ética, a interpretabilidade e a conformidade regulamentar para garantir a implementação responsável e segura da IA na medicina personalizada.

## 6.4 Aplicação da IA na descoberta de medicamentos e no desenvolvimento

A inteligência artificial (IA) revolucionou o campo da descoberta e desenvolvimento de medicamentos, acelerando o processo, melhorando a eficiência e aumentando as taxas de sucesso. Eis algumas aplicações pormenorizadas da IA na descoberta e desenvolvimento de medicamentos:Identificação e validação de alvos: Os algoritmos de IA podem analisar grandes conjuntos de dados, incluindo dados genómicos, estruturas proteicas e vias de doença, para identificar potenciais alvos de medicamentos. Os modelos de aprendizagem automática podem prever a relação entre as proteínas-alvo e as doenças, dar prioridade aos alvos para uma investigação mais aprofundada e validar a sua adequação ao desenvolvimento de medicamentos. A identificação e validação de alvos com base em IA simplificam as fases iniciais do processo de descoberta de medicamentos.

**Conceção de medicamentos e otimização de pistas:** A IA permite a conceção de medicamentos assistida por computador, gerando e optimizando novas moléculas com as propriedades desejadas. Os algoritmos de IA, como os modelos generativos e a aprendizagem por reforço, podem explorar um vasto espaço químico, prever propriedades moleculares e otimizar os compostos em termos de eficácia, segurança e farmacocinética. A conceção de medicamentos com base na IA acelera a identificação de pistas, reduz os custos e facilita a descoberta de novas terapêuticas.

**Rastreio virtual e rastreio de elevado rendimento:** Os algoritmos de IA podem analisar grandes bibliotecas de compostos e seleccioná-los virtualmente para identificar potenciais candidatos a medicamentos. Ao aprender com compostos conhecidos e as suas actividades, os modelos de IA podem prever a probabilidade de novos compostos se ligarem a proteínas-alvo específicas ou modularem vias relacionadas com doenças. O rastreio virtual reduz o número de compostos a testar no rastreio experimental de alto rendimento, poupando tempo e recursos.

**Reaproveitamento de medicamentos:** A IA pode analisar diversas fontes de dados, incluindo bases de dados de medicamentos, literatura científica e registos clínicos, para identificar medicamentos existentes que podem ser reorientados para novas indicações. Os modelos de aprendizagem automática podem descobrir potenciais ligações entre os compostos dos medicamentos e as diferentes doenças, sugerindo utilizações alternativas para além dos objectivos originais. O reaproveitamento de medicamentos com base na IA acelera a identificação de novas opções de tratamento e reduz os prazos de desenvolvimento.

**Previsão da toxicidade e avaliação da segurança:** Os algoritmos de IA podem prever a toxicidade potencial e os perfis de segurança dos candidatos a medicamentos através da análise de estruturas moleculares, dados biológicos e informações históricas sobre toxicidade. Os modelos de aprendizagem automática podem avaliar a probabilidade de efeitos adversos, hepatotoxicidade, cardiotoxicidade ou outras preocupações de segurança, ajudando a dar prioridade aos compostos com melhores perfis de segurança para um maior desenvolvimento. A previsão de toxicidade baseada em IA melhora a seleção de candidatos a medicamentos mais seguros e reduz o risco de falhas na fase final.

**Otimização de ensaios clínicos:** Os algoritmos de IA podem otimizar a conceção dos ensaios clínicos, o recrutamento de doentes e os protocolos dos ensaios. Ao analisar as características dos doentes, os perfis genómicos e os dados do mundo real, a IA pode identificar subgrupos específicos de doentes com maior probabilidade de responder ao medicamento experimental, melhorando a eficiência e as taxas de sucesso dos ensaios. A otimização dos ensaios clínicos com base na IA apoia a medicina personalizada, reduz os custos e acelera o processo de desenvolvimento.

**Integração e análise de dados:** A IA permite a integração e análise de diversos conjuntos de dados, incluindo dados biológicos, químicos, clínicos e ómicos. Ao combinar e analisar estas fontes de dados, os algoritmos de IA podem identificar padrões, relações e potenciais associações entre medicamentos e doenças. A integração e a análise de dados com base na IA proporcionam conhecimentos abrangentes sobre os mecanismos das doenças, a identificação de biomarcadores e apoiam a tomada de decisões ao longo da cadeia de desenvolvimento de medicamentos.

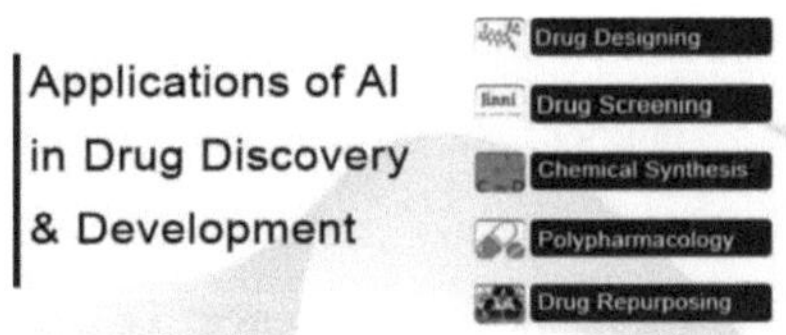


**Monitorização de eventos adversos e farmacovigilância:** Os algoritmos de IA podem monitorizar dados do mundo real, como registos de saúde electrónicos, redes sociais e sistemas de notificação de eventos adversos, para detetar potenciais sinais de segurança associados a medicamentos comercializados. Ao analisar dados em grande escala, a IA pode identificar padrões, reacções adversas a medicamentos ou preocupações de segurança que possam exigir uma investigação mais aprofundada ou uma ação regulamentar. A farmacovigilância baseada na IA melhora a monitorização da segurança dos medicamentos e a vigilância pós-comercialização. A integração da IA na descoberta e no desenvolvimento de medicamentos oferece enormes oportunidades para acelerar o processo, reduzir os custos e melhorar as taxas de sucesso na disponibilização de novas terapêuticas aos doentes. No entanto, é crucial enfrentar os desafios relacionados com a disponibilidade de dados, a interpretabilidade dos modelos, as considerações regulamentares e as implicações éticas para garantir a implementação responsável e efectiva da IA nesta área.

## 6.5 Aplicação da IA no Registo de Saúde Eletrónico Gestão

A inteligência artificial (IA) tem inúmeras aplicações na gestão dos registos de saúde electrónicos (RSE), revolucionando os sistemas de saúde ao melhorar a eficiência, a precisão e a tomada de decisões. Eis algumas aplicações pormenorizadas da IA na gestão dos registos de saúde electrónicos:

**Extração e estruturação de dados:** Os algoritmos de IA podem extrair automaticamente informações relevantes de dados não estruturados de EHR, tais como notas clínicas, resumos de alta e relatórios médicos. As técnicas de processamento de linguagem natural (PNL) permitem a extração de entidades clínicas importantes, como dados demográficos dos doentes, diagnósticos, medicamentos, procedimentos e resultados laboratoriais. A extração e estruturação de dados com base em IA facilitam a introdução eficiente de dados, reduzem o esforço manual e melhoram a exaustividade dos dados.

**Codificação e documentação clínica:** A IA pode ajudar nas tarefas de codificação e documentação clínica, atribuindo automaticamente códigos adequados a diagnósticos, procedimentos e tratamentos médicos. Os algoritmos de IA podem analisar os dados do paciente e recomendar opções de codificação adequadas com base em conjuntos de códigos normalizados, como o ICD-10, CPT ou SNOMED-CT. A codificação e a documentação baseadas em IA melhoram a precisão, simplificam os processos de faturação e suportam um reembolso preciso.

**Sistemas de Apoio à Decisão Clínica (CDSS):** Os CDSS alimentados por IA podem analisar os dados dos pacientes nos EHRs, incluindo o historial médico, os resultados laboratoriais, os registos de medicação e as directrizes clínicas. Ao integrar conhecimentos clínicos e informações específicas do paciente, os algoritmos de IA podem fornecer recomendações, alertas e lembretes em tempo real aos profissionais de saúde no ponto de atendimento. O CDSS baseado em IA melhora a tomada de decisões clínicas, melhora a segurança dos pacientes e garante a adesão às melhores práticas.

**Análise preditiva e estratificação de riscos:** Os algoritmos de IA podem analisar dados longitudinais de EHR para prever os resultados dos pacientes, a progressão da doença e identificar indivíduos de alto risco. Os modelos de aprendizagem automática podem identificar padrões, factores de risco e desenvolver modelos preditivos para prever condições como readmissões, sépsis ou doenças crónicas. A análise preditiva baseada em IA suporta intervenções proactivas, atribuição de recursos e planeamento de cuidados personalizados.

**Otimização do fluxo de trabalho clínico:** Os algoritmos de IA podem analisar dados de EHR e fluxos de trabalho clínicos para identificar estrangulamentos, ineficiências e oportunidades de melhoria. Ao compreender os padrões na entrada de dados, no processamento de pedidos ou no fluxo de pacientes, a IA pode sugerir modificações no fluxo de trabalho, oportunidades de automatização ou ajustes na atribuição de recursos para aumentar a eficiência operacional e reduzir a carga administrativa.

**Deteção de anomalias e de fraudes:** Os algoritmos de IA podem detetar anomalias e potenciais fraudes nos dados do EHR. Ao analisar padrões, desvios ou actividades suspeitas, a IA pode identificar potenciais erros, violações de dados ou pedidos fraudulentos. A deteção de anomalias com base na IA melhora a integridade e a segurança dos dados e apoia a prevenção da fraude nos sistemas de saúde.

**Gestão da saúde da população:** A IA permite a análise a nível da população, agregando e analisando dados de EHR de vários indivíduos. Os algoritmos de IA podem identificar tendências de doenças, indicadores de saúde da população e factores de risco em grupos de pacientes específicos. A gestão da saúde da população baseada na IA facilita as intervenções proactivas, a atribuição de recursos e as intervenções de saúde pública orientadas.

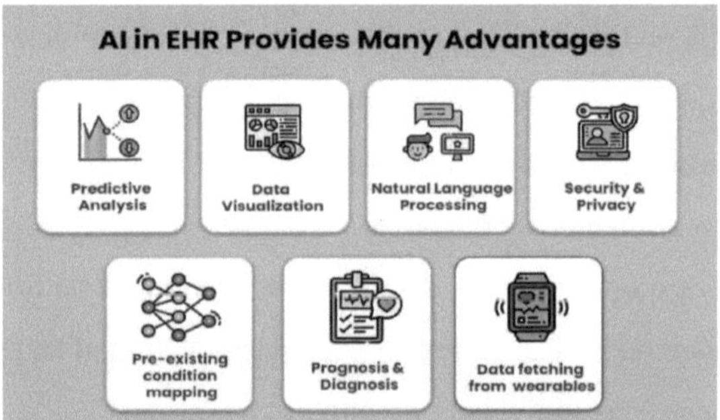


**Documentação clínica baseada no processamento da linguagem natural (PNL):** Os algoritmos de PNL alimentados por IA podem ajudar na documentação clínica, convertendo notas clínicas de texto livre em dados estruturados. As técnicas de PNL extraem informações significativas, como sintomas, medicamentos, alergias e planos de tratamento, das narrativas clínicas. A PNL baseada em IA melhora a qualidade dos dados, permite a interoperabilidade e apoia a utilização secundária de dados de EHR para investigação e análise.

A integração da IA na gestão dos sistemas de registo de dados electrónicos tem um grande potencial para melhorar os processos de cuidados de saúde, melhorar os resultados para os doentes e permitir a tomada de decisões com base em dados. No entanto, é crucial enfrentar os desafios relacionados com a privacidade dos dados, a qualidade dos dados, a interpretabilidade e a conformidade regulamentar para garantir a implementação responsável e segura da IA nos sistemas de registos de saúde electrónicos.

## 6.6 Aplicação da IA no assistente virtual e em Chatpots

A inteligência artificial (IA) tem sido amplamente utilizada no desenvolvimento de assistentes virtuais e chatbots, melhorando as interacções com os utilizadores, fornecendo apoio personalizado e automatizando várias tarefas. Eis algumas aplicações detalhadas da IA em assistentes virtuais e chatbots:

**Processamento de linguagem natural (PNL):** Os assistentes virtuais com IA utilizam técnicas de PNL para compreender e interpretar os dados introduzidos pelo utilizador em linguagem natural. Os algoritmos de PNL processam e analisam dados de texto ou de voz, permitindo que os assistentes virtuais extraiam a intenção, as entidades e o contexto das consultas do utilizador. A PNL permite um fluxo de conversação sofisticado, a compreensão da linguagem e a geração de respostas exactas.

**Gestão inteligente do diálogo:** A IA permite que os assistentes virtuais participem em conversas dinâmicas e sensíveis ao contexto. Os algoritmos de gestão do diálogo têm em conta o histórico da conversa em curso, o contexto do utilizador e as capacidades do sistema para gerar respostas adequadas e orientar a interação. A gestão do diálogo baseada em IA garante conversas coerentes e personalizadas, melhorando a satisfação do utilizador.

**Personalização e definição do perfil do utilizador:** Os algoritmos de IA podem aprender com as interacções dos utilizadores e os dados históricos para criar experiências personalizadas. Ao analisar as preferências, o comportamento e as interacções anteriores do utilizador, os assistentes virtuais podem adaptar respostas, recomendações e sugestões. A personalização baseada em IA aumenta o envolvimento do utilizador e fornece suporte personalizado.

**Automatização e integração de tarefas:** Os assistentes virtuais alimentados por IA podem automatizar tarefas de rotina e integrar-se em vários sistemas e bases de dados. Ao tirar partido das técnicas de IA, os assistentes virtuais podem aceder e obter informações, realizar acções e executar tarefas em nome dos utilizadores. A automatização de tarefas baseada em IA simplifica os processos, reduz o esforço manual e aumenta a produtividade.

**Análise de sentimentos e compreensão das emoções:** Os algoritmos de IA podem analisar o sentimento do utilizador e as emoções expressas em texto ou voz. Ao utilizar técnicas de análise de sentimentos, os assistentes virtuais podem compreender a disposição, o sentimento e os estados emocionais do utilizador. Isto permite que os assistentes virtuais respondam adequadamente, tenham empatia com os utilizadores e forneçam apoio emocional.

**Reconhecimento de voz e síntese de voz:** A IA facilita o reconhecimento de voz exato e as capacidades de síntese de voz nos assistentes virtuais. Os algoritmos de reconhecimento de voz convertem a linguagem falada em texto, permitindo aos utilizadores interagir através de comandos de voz. Os algoritmos de síntese do discurso geram um discurso semelhante ao humano, permitindo que os assistentes virtuais respondam com vozes naturais. O reconhecimento e a síntese de voz baseados em IA aumentam a comodidade do utilizador e permitem interacções mãos-livres.

**Aprendizagem e melhoria contínuas:** Os assistentes virtuais com IA podem aprender continuamente com as interacções e o feedback dos utilizadores para melhorar o seu desempenho. Os algoritmos de aprendizagem automática permitem que os assistentes virtuais se adaptem, refinem as suas respostas e aprendam com as preferências do utilizador ao longo do tempo. A aprendizagem contínua baseada na IA melhora a precisão, a relevância e a eficiência das interacções do assistente virtual.

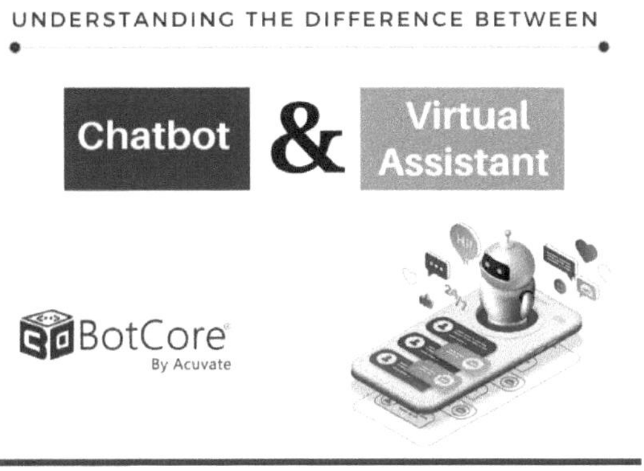


**Suporte multilingue e multiplataforma:** A IA facilita as capacidades multilingues dos assistentes virtuais, permitindo-lhes compreender e responder em vários idiomas. Além disso, a IA permite que os assistentes virtuais sejam implementados em várias plataformas e dispositivos, incluindo smartphones, altifalantes inteligentes e aplicações Web. O suporte multilingue e multiplataforma baseado na IA aumenta a acessibilidade e alarga o alcance dos assistentes virtuais.

A integração da IA em assistentes virtuais e chatbots transformou as interacções com os utilizadores e o apoio ao cliente em todos os sectores. A IA permite que os assistentes virtuais forneçam interacções personalizadas, eficientes e semelhantes às humanas, melhorando as experiências dos utilizadores e simplificando os processos. Prevê-se que os avanços contínuos nas tecnologias de IA melhorem ainda mais as capacidades e a eficácia dos assistentes virtuais e dos chatbots no futuro.

## 6.7 Aplicação da IA na monitorização remota de doentes

A inteligência artificial (IA) desempenha um papel crucial na monitorização remota de doentes, permitindo aos prestadores de cuidados de saúde monitorizar remotamente as condições de saúde dos doentes, recolher dados e tomar decisões informadas. Eis algumas aplicações pormenorizadas da IA na monitorização remota de doentes:

**Análise de dados em tempo real:** Os algoritmos de IA podem analisar em tempo real os dados dos doentes recolhidos a partir de dispositivos portáteis, sensores e sistemas de monitorização remota. Ao monitorizar continuamente os sinais vitais, os parâmetros fisiológicos, os níveis de atividade e outros dados relacionados com a saúde, a IA pode detetar padrões, identificar anomalias e fornecer alertas ou notificações aos prestadores de cuidados de saúde. A análise de dados em tempo real permite a deteção precoce da deterioração da saúde e a intervenção atempada.

**Análise preditiva:** As técnicas de IA combinadas com dados de monitorização remota de doentes podem prever os resultados dos doentes e identificar indivíduos com maior risco de desenvolver complicações ou eventos adversos. Os modelos de aprendizagem automática podem analisar dados históricos, características dos doentes e dados de monitorização em tempo real para prever a progressão da doença, antecipar exacerbações ou prever readmissões hospitalares. A análise preditiva melhora as intervenções proactivas e apoia o planeamento de cuidados personalizados.

**Diagnóstico remoto:** Os algoritmos de IA podem ajudar no diagnóstico remoto, analisando os dados recolhidos pelos pacientes, como imagens, vídeos ou gravações áudio, e fornecendo avaliações iniciais. Por exemplo, os algoritmos de reconhecimento de imagem alimentados por IA podem analisar imagens médicas captadas por pacientes e detetar anomalias ou potenciais indicadores de doenças. Os diagnósticos remotos permitem uma avaliação rápida, a triagem e o encaminhamento dos doentes quando necessário.

**Monitorização da adesão à medicação:** Os algoritmos de IA podem monitorizar e analisar os padrões de adesão à medicação dos doentes com base em dados de dispositivos ligados ou aplicações para smartphones. Ao analisar os horários da medicação, os lembretes e os dados comunicados pelos doentes, a IA pode avaliar os níveis de adesão e fornecer lembretes ou intervenções para melhorar o cumprimento. A monitorização da adesão à medicação com recurso à IA ajuda a otimizar os resultados do tratamento e melhora a segurança dos doentes.

**Análise de padrões comportamentais:** Os algoritmos de IA podem analisar os padrões de comportamento dos doentes, como os padrões de sono, a atividade física e as rotinas diárias, para fornecer informações sobre a saúde e o bem-estar geral. Ao detetar desvios dos padrões normais, a IA pode identificar potenciais riscos para a saúde, problemas de saúde mental ou alterações nas condições que requerem atenção. A análise de padrões comportamentais melhora a gestão personalizada dos cuidados e permite uma intervenção precoce.

**Envolvimento e educação remota dos pacientes:** Os chatbots ou assistentes virtuais com IA podem interagir com os pacientes remotamente, fornecendo materiais educativos, respondendo a perguntas e oferecendo apoio personalizado. Os algoritmos de IA podem compreender e responder às questões dos doentes, oferecer orientação e fornecer informações com base nas necessidades e preferências individuais. O envolvimento remoto dos doentes através de ferramentas baseadas em IA melhora a sua capacitação, auto-gestão e educação.

**Gestão da saúde da população:** A IA permite a análise de dados de monitorização remota de pacientes numa população, fornecendo informações sobre tendências de doenças, factores de risco e resultados de saúde. Os modelos de aprendizagem automática podem identificar padrões, correlações e factores preditivos relacionados com a saúde da população. A gestão da saúde da população com recurso à IA apoia iniciativas de saúde pública, afetação de recursos e intervenções específicas.

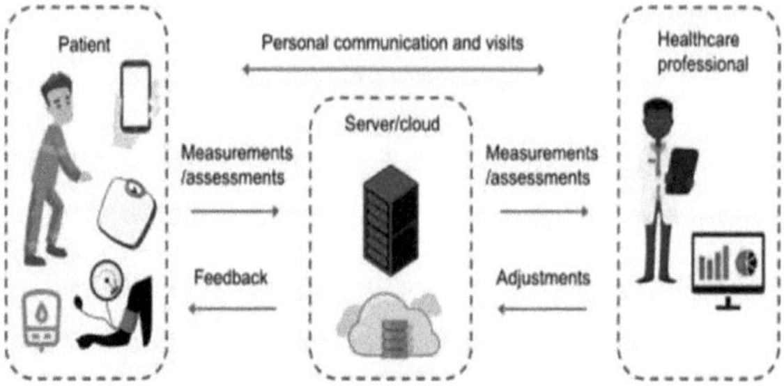


**Reabilitação e terapia à distância:** Os algoritmos de IA podem apoiar programas de reabilitação e terapia remotos, analisando os dados de movimento do paciente, fornecendo feedback em tempo real e acompanhando o progresso. As aplicações com IA podem orientar os pacientes através de exercícios, monitorizar a técnica e fornecer recomendações personalizadas para melhoria. A reabilitação remota com recurso à IA melhora o acesso aos cuidados, reduz os custos e apoia a recuperação do paciente.

A integração da IA na monitorização remota de doentes melhora a acessibilidade dos cuidados de saúde, melhora os resultados dos doentes e permite uma intervenção precoce. Ao tirar partido dos algoritmos de IA e da análise avançada, os prestadores de cuidados de saúde podem tomar decisões baseadas em dados, personalizar os cuidados e melhorar a participação dos doentes, mesmo em ambientes remotos. Espera-se que os avanços contínuos nas tecnologias de IA aumentem ainda mais as capacidades e a eficácia da monitorização remota de doentes.

## 6.8 Aplicação da IA na assistência cirúrgica e na robótica

A inteligência artificial (IA) registou avanços significativos na assistência cirúrgica e na robótica, transformando o campo da cirurgia ao melhorar a precisão, a eficiência e os resultados para os doentes. Eis algumas aplicações pormenorizadas da IA na assistência cirúrgica e na robótica:

**Planeamento pré-operatório:** Os algoritmos de IA podem analisar os dados do doente, incluindo imagens médicas, resultados laboratoriais e historial do doente, para ajudar no planeamento pré-operatório. Os modelos de aprendizagem automática podem segmentar estruturas anatómicas, identificar potenciais anomalias e simular cenários cirúrgicos. O planeamento pré-operatório baseado em IA melhora a precisão cirúrgica, reduz os riscos e melhora os resultados cirúrgicos.

**Navegação cirúrgica:** Os sistemas de navegação cirúrgica com IA utilizam dados de imagiologia em tempo real, como a tomografia computorizada (TC) ou a ressonância magnética (RM), para ajudar os cirurgiões durante os procedimentos. Ao integrar algoritmos de IA, os sistemas de navegação cirúrgica podem fornecer visualização 3D, orientação e feedback em tempo real sobre o posicionamento dos instrumentos, ajudando os cirurgiões a navegar com precisão em estruturas anatómicas complexas.

**Cirurgia assistida por robô:** A IA é um componente crucial nos sistemas cirúrgicos assistidos por robôs, permitindo procedimentos precisos e minimamente invasivos. Os algoritmos de IA controlam os braços robóticos, interpretam os dados do cirurgião e prestam assistência durante as tarefas cirúrgicas. Os modelos de aprendizagem automática podem aprender com os dados cirúrgicos, otimizar o movimento dos instrumentos e adaptar-se às preferências do cirurgião. A cirurgia assistida por robô com recurso a IA melhora a precisão cirúrgica, reduz o trauma nos tecidos e promove uma recuperação mais rápida.

**Instrumentos cirúrgicos inteligentes:** Os algoritmos de IA podem melhorar as capacidades dos instrumentos cirúrgicos, fornecendo feedback e inteligência em tempo real. Por exemplo, os instrumentos de deteção de força alimentados por IA podem medir as propriedades dos tecidos, detetar variações e fornecer feedback háptico aos cirurgiões, permitindo uma manipulação mais precisa dos tecidos. Os instrumentos cirúrgicos inteligentes que utilizam IA melhoram a precisão cirúrgica, reduzem as complicações e permitem procedimentos delicados.

**Apoio à decisão intra-operatória:** Os algoritmos de IA podem analisar fluxos de dados em tempo real, incluindo sinais vitais, dados de imagiologia e respostas do doente, para fornecer apoio à decisão durante a cirurgia. Os sistemas de apoio à decisão baseados em IA podem identificar eventos críticos, detetar anomalias e alertar os cirurgiões para potenciais complicações. O apoio à decisão intra-operatória com recurso à IA aumenta a segurança dos doentes, apoia a tomada de decisões optimizada e reduz o risco de erros. Monitorização pós-operatória e análise preditiva: Os algoritmos de IA podem analisar dados pós-operatórios, incluindo sinais vitais do doente, resultados laboratoriais e observações clínicas, para monitorizar o progresso da recuperação e prever resultados. Os modelos de aprendizagem automática podem identificar padrões, factores de risco e prever complicações ou readmissões. A monitorização pós-operatória baseada em IA e a análise preditiva melhoram os cuidados pós-operatórios, permitem uma intervenção precoce e melhoram os resultados dos doentes.

**Avaliação e formação de competências:** Os algoritmos de IA podem analisar vídeos cirúrgicos e dados de sensores para avaliar o desempenho do cirurgião e fornecer feedback. Ao capturar e analisar gestos cirúrgicos, movimentos e métricas de desempenho, a IA pode avaliar objetivamente as competências cirúrgicas. A avaliação e a formação de competências baseadas em IA apoiam a educação cirúrgica, permitem programas de formação personalizados e melhoram a proficiência cirúrgica.

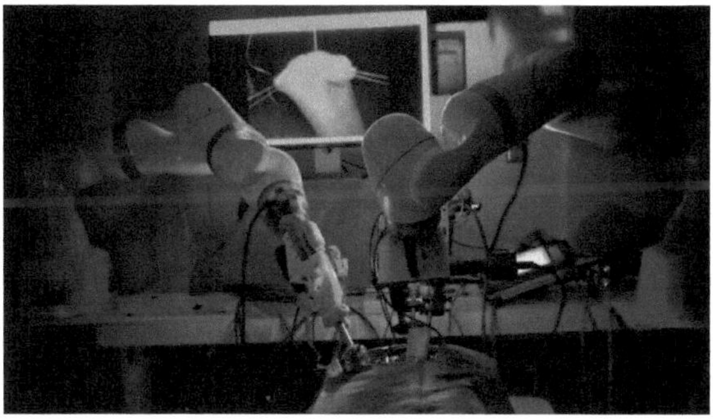

**Automatização do fluxo de trabalho cirúrgico:** Os algoritmos de IA podem automatizar tarefas repetitivas e ajudar nos fluxos de trabalho cirúrgicos. Por exemplo, os algoritmos de reconhecimento de imagem alimentados por IA podem ordenar e classificar instrumentos cirúrgicos ou ajudar no reconhecimento de tecidos. A automatização do fluxo de trabalho cirúrgico com base em IA reduz a carga cognitiva, simplifica os procedimentos e melhora a eficiência no bloco operatório.

A integração da IA na assistência cirúrgica e na robótica revolucionou as práticas cirúrgicas, permitindo procedimentos mais precisos e minimamente invasivos, reforçando as capacidades dos cirurgiões e melhorando os resultados para os doentes. Espera-se que os avanços contínuos nas tecnologias de IA aumentem ainda mais a precisão, a eficiência e a segurança das intervenções cirúrgicas.

## 6.9 Aplicação da IA na investigação clínica e na análise de dados

A inteligência artificial (IA) tem um vasto leque de aplicações na investigação clínica e na análise de dados, revolucionando a forma como os dados são analisados, os conhecimentos são obtidos e os estudos clínicos são realizados. Eis algumas aplicações pormenorizadas da IA na investigação clínica e na análise de dados:

**Extração e extração de dados:** Os algoritmos de IA podem explorar e extrair eficazmente informações relevantes de grandes quantidades de dados clínicos, incluindo registos de saúde electrónicos, bases de dados de investigação e literatura médica. As técnicas de processamento da linguagem natural (PNL) permitem à IA extrair dados estruturados, identificar conceitos clínicos fundamentais e automatizar os processos de abstração de dados. A extração de dados com base na IA aumenta a velocidade e a precisão da recolha de dados para fins de investigação.

**Otimização de ensaios clínicos:** Os algoritmos de IA podem otimizar a conceção e a execução de ensaios clínicos. Ao analisar dados de pacientes, dados históricos de ensaios e factores externos, a IA pode identificar pacientes elegíveis, otimizar estratégias de recrutamento e prever taxas de inscrição de pacientes. A otimização de ensaios clínicos com base em IA melhora a eficiência, reduz os custos e apoia a tomada de decisões com base em provas na conceção e gestão de ensaios. **Análise preditiva e estratificação do risco:** As técnicas de IA permitem a análise preditiva através da análise de dados clínicos para identificar padrões, factores de risco e prever os resultados dos doentes. Os modelos de aprendizagem automática podem prever a progressão da doença, a resposta ao tratamento ou os acontecimentos adversos com base nas características do doente e nos biomarcadores. A análise preditiva baseada em IA apoia a medicina personalizada, o planeamento de tratamentos e a estratificação de riscos na investigação clínica.

**Análise de imagens e sinais:** Os algoritmos de IA podem analisar imagens médicas, como ressonâncias magnéticas, tomografias computorizadas ou lâminas de histopatologia, para extrair informações significativas e identificar padrões. As técnicas de reconhecimento de imagem e de visão por computador permitem à IA detetar anomalias, classificar imagens e apoiar a tomada de decisões de diagnóstico. A análise de imagens e sinais baseada em IA melhora a precisão, a eficiência e a objetividade da investigação clínica.

**Descoberta e reorientação de medicamentos:** A IA desempenha um papel crucial nos processos de descoberta e desenvolvimento de medicamentos. Os modelos de aprendizagem automática podem analisar vastos conjuntos de dados moleculares, identificar potenciais alvos de medicamentos e prever a eficácia e a segurança dos candidatos a medicamentos. A descoberta de medicamentos com base na IA acelera a identificação de potenciais terapêuticas, facilita o reaproveitamento de medicamentos e apoia abordagens de medicina de precisão.

**Deteção de eventos adversos:** Os algoritmos de IA podem analisar os dados dos doentes para detetar e monitorizar acontecimentos adversos associados a medicamentos ou intervenções. Ao analisar fontes de dados estruturadas e não estruturadas, como EHRs, redes sociais ou fóruns de doentes, a IA pode identificar sinais de acontecimentos adversos, seguir os seus padrões e fornecer sistemas de alerta precoce. A deteção de acontecimentos adversos com base na IA melhora a monitorização da segurança dos doentes e os esforços de farmacovigilância.

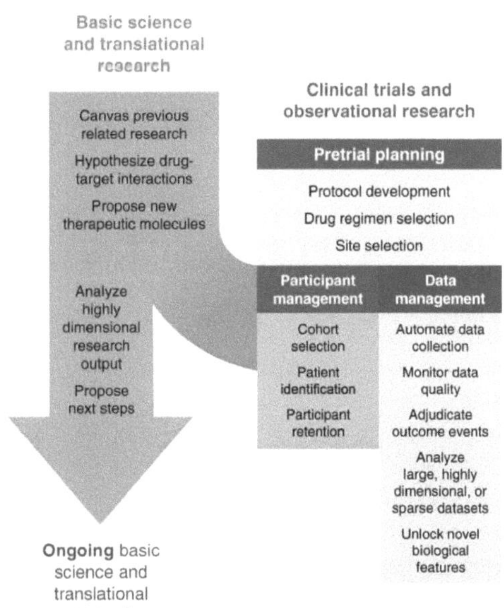

**Integração e interoperabilidade de dados:** A IA permite a integração e a análise de dados clínicos heterogéneos provenientes de várias fontes. Ao tirar partido das técnicas de IA, fontes de dados díspares, como os EHR, os dados genómicos e os dados de dispositivos portáteis, podem ser integrados e analisados em conjunto para fornecer informações abrangentes. A integração e a interoperabilidade de dados baseadas em IA melhoram a investigação orientada por dados, permitem a medicina de precisão e apoiam os estudos de saúde da população.

**Sistemas de apoio à decisão clínica (CDSS):** Os CDSS alimentados por IA podem analisar os dados dos pacientes e fornecer recomendações em tempo real aos profissionais de saúde no local de prestação de cuidados. Ao integrar directrizes clínicas, dados de investigação e dados específicos do paciente, os algoritmos de IA podem apoiar a tomada de decisões clínicas, melhorar a precisão do diagnóstico e sugerir opções de tratamento. Os CDSS baseados em IA melhoram os resultados para os doentes, reduzem os erros médicos e promovem a prática baseada em provas. A integração da IA na investigação clínica e na análise de dados tem um enorme potencial para fazer avançar os conhecimentos médicos, melhorar os cuidados prestados aos doentes e acelerar o processo de investigação. No entanto, é importante abordar os desafios relacionados com a privacidade dos dados, a transparência dos algoritmos e a conformidade regulamentar para garantir a utilização responsável e ética da IA na investigação clínica.

# CAPÍTULO 7

# APLICAÇÃO DA APRENDIZAGEM AUTOMÁTICA NO SECTOR MÉDICO

A aprendizagem automática (ML) tem aplicações transformadoras em vários aspectos do sector médico, revolucionando a prestação de cuidados de saúde, o diagnóstico, o tratamento e a investigação. Eis algumas aplicações detalhadas do ML no sector médico:

**Análise de imagens médicas:** Os algoritmos de ML analisam imagens médicas, como radiografias, tomografias computorizadas e ressonâncias magnéticas, para ajudar no diagnóstico e na interpretação. Os modelos de ML podem identificar anomalias, lesões, tumores e outras condições, melhorando a precisão e a eficiência em radiologia. Os sistemas de deteção e diagnóstico assistidos por computador com base no ML melhoram as capacidades dos radiologistas e ajudam na deteção precoce de doenças.

**Diagnóstico de doenças e avaliação de riscos:** Os modelos de aprendizagem automática podem analisar dados de pacientes, incluindo sintomas, historial médico, informações genéticas e resultados de testes, para ajudar no diagnóstico de doenças e na avaliação de riscos. Ao aprender com grandes conjuntos de dados, os algoritmos de ML podem identificar padrões, prever a progressão da doença e fornecer pontuações de risco para pacientes individuais. As ferramentas de diagnóstico baseadas em ML ajudam os profissionais de saúde a efetuar diagnósticos precisos e atempados.

**Medicina de precisão:** O ML permite planos de tratamento personalizados e medicina de precisão, analisando dados específicos do paciente e adaptando as terapias em conformidade. Os algoritmos de ML podem prever a resposta ao tratamento, identificar as dosagens ideais de medicamentos e sugerir intervenções direccionadas com base nas características individuais do paciente. O ML ajuda a otimizar os resultados dos tratamentos, a reduzir os efeitos adversos e a melhorar os cuidados prestados aos doentes.

**Descoberta e desenvolvimento de medicamentos:** O ML desempenha um papel crucial nos processos de descoberta e desenvolvimento de medicamentos. Os algoritmos de AM podem analisar grandes quantidades de dados, incluindo informações biológicas, estruturas químicas e dados genómicos, para identificar potenciais candidatos a medicamentos. Os modelos de ML podem prever as interacções fármaco-alvo, avaliar a eficácia dos fármacos e otimizar a sua conceção. Isto acelera o processo de descoberta de medicamentos e aumenta a eficiência dos ensaios clínicos.

**Registos de saúde electrónicos (EHR) e análise de dados clínicos:** Os algoritmos de aprendizagem automática podem analisar registos de saúde electrónicos e dados clínicos para extrair informações valiosas. Os modelos de ML podem identificar padrões, prever resultados de doenças e ajudar na tomada de decisões clínicas. As ferramentas baseadas em ML podem automatizar o processamento de dados, ajudar na deteção de anomalias e apoiar iniciativas de gestão da saúde da população, identificando indivíduos de alto risco e permitindo intervenções preventivas.

**Monitorização de pacientes e análise preditiva:** O ML permite a monitorização contínua dos pacientes através da análise de dados em tempo real de dispositivos portáteis, sensores e dispositivos médicos. Os algoritmos de ML podem detetar anomalias, prever a deterioração e emitir alertas para intervenções atempadas. Os modelos de análise preditiva baseados em ML podem prever os resultados dos pacientes, como as taxas de readmissão ou a progressão da doença, ajudando os prestadores de cuidados de saúde a afetar recursos de forma eficiente e a prestar cuidados proactivos.

**Processamento de linguagem natural (PNL) para análise de textos clínicos:** As técnicas de PNL combinadas com o ML permitem a análise de dados de texto clínico não estruturado, como registos de saúde electrónicos, notas médicas e literatura de investigação. Os modelos de ML podem extrair informações, classificar documentos e permitir a pesquisa semântica para apoiar a medicina baseada em provas, os sistemas de apoio à decisão clínica e a descoberta de conhecimentos a partir de fontes baseadas em texto.

**Monitorização da saúde e mudança de comportamento:** Os algoritmos de aprendizagem automática podem analisar dados de dispositivos portáteis, aplicações móveis e redes sociais para monitorizar os comportamentos de saúde dos indivíduos e promover hábitos saudáveis. Os modelos de ML podem fornecer recomendações personalizadas, prever riscos de saúde e apoiar intervenções de mudança de comportamento. Os sistemas de monitorização da saúde e de mudança de comportamento baseados em ML permitem que os indivíduos assumam o controlo da sua saúde e bem-estar.

**Otimização de ensaios clínicos:** Os algoritmos de AM podem otimizar a conceção de ensaios clínicos e o recrutamento de doentes, identificando candidatos elegíveis, prevendo a inscrição de doentes e optimizando os protocolos dos ensaios. Os modelos de AM podem ajudar a identificar coortes de doentes para estudos específicos, aumentando a eficiência e as taxas de sucesso dos ensaios clínicos. É importante notar que a utilização responsável e ética do AM no sector médico envolve a abordagem da privacidade dos dados, da segurança, da atenuação de enviesamentos, da interpretabilidade e das considerações regulamentares. A integração do ML nos cuidados de saúde requer uma colaboração estreita entre cientistas de dados, profissionais de saúde e organismos reguladores para garantir a segurança, a privacidade e a confiança dos doentes.

# CAPÍTULO 8

# APLICAÇÃO DA I.A. E DA ML NO SECTOR DA MEDICINA

A combinação de inteligência artificial (IA) e aprendizagem automática (ML) tem implicações profundas no sector médico, uma vez que permite o desenvolvimento de sistemas inteligentes capazes de aprender, adaptar-se e tomar decisões informadas. Eis algumas aplicações pormenorizadas da combinação de IA e ML no sector médico:

**Análise e interpretação de imagens médicas:** Os algoritmos de IA e ML podem analisar imagens médicas, como radiografias, tomografias computorizadas, ressonâncias magnéticas e lâminas histopatológicas, para ajudar na interpretação e no diagnóstico. Os modelos de aprendizagem profunda, um subconjunto do ML, têm demonstrado um desempenho notável na deteção de anomalias, na identificação de tumores e na classificação de doenças. A combinação de IA e ML melhora a precisão, reduz o tempo de interpretação e melhora as capacidades dos radiologistas e patologistas.

**Cirurgia assistida por computador:** A IA e o ML podem ajudar os cirurgiões durante os procedimentos cirúrgicos, fornecendo feedback, orientação e modelação preditiva em tempo real. Ao analisar dados pré-operatórios e intra-operatórios, incluindo imagens médicas e sinais fisiológicos, os sistemas alimentados por IA podem ajudar no planeamento, navegação e precisão cirúrgicos. Os sistemas de cirurgia robótica integrados com IA e ML permitem procedimentos precisos e minimamente invasivos com maior destreza e controlo.

**Sistemas de apoio à decisão clínica (CDSS):** A IA e o ML podem ser utilizados para desenvolver CDSS que fornecem recomendações baseadas em provas aos profissionais de saúde. Ao analisar os dados dos pacientes, a literatura médica e as directrizes de tratamento, estes sistemas ajudam a diagnosticar doenças, a selecionar tratamentos adequados e a prever os resultados dos pacientes. Os CDSS podem melhorar a tomada de decisões clínicas, reduzir os erros e garantir a adesão às melhores práticas.

**Estratificação e monitorização do risco dos doentes:** Os algoritmos de IA e ML podem analisar os dados dos doentes, incluindo registos médicos, sinais vitais, informações genéticas e factores de estilo de vida, para estratificar os doentes com base no seu risco de desenvolverem doenças específicas ou de sofrerem eventos adversos. Estes modelos podem identificar indivíduos de alto risco, monitorizar os doentes em tempo real e emitir alertas para uma intervenção precoce. A IA e o ML permitem uma gestão proactiva e personalizada dos cuidados.

**Descoberta e desenvolvimento de medicamentos:** A IA e o ML desempenham um papel crucial na aceleração do processo de descoberta e desenvolvimento de medicamentos. Ao analisar dados biológicos e químicos em grande escala, incluindo dados genómicos, estruturas moleculares e perfis farmacológicos, os algoritmos de IA e ML podem identificar potenciais alvos de medicamentos, conceber novas moléculas e prever a eficácia e segurança dos medicamentos. A combinação de IA e ML acelera a identificação de candidatos a medicamentos promissores, reduz os custos de desenvolvimento e melhora as abordagens de medicina personalizada.

**Monitorização da saúde e análise preditiva:** A IA e o ML podem monitorizar continuamente os dados dos doentes a partir de dispositivos portáteis, sensores e registos de saúde electrónicos. Ao aplicar a análise preditiva, estes sistemas podem identificar padrões, detetar anomalias e prever os resultados dos doentes. A IA e o ML permitem a identificação precoce da deterioração das condições de saúde, a previsão da progressão da doença e a otimização da atribuição de recursos para uma melhor gestão dos doentes.

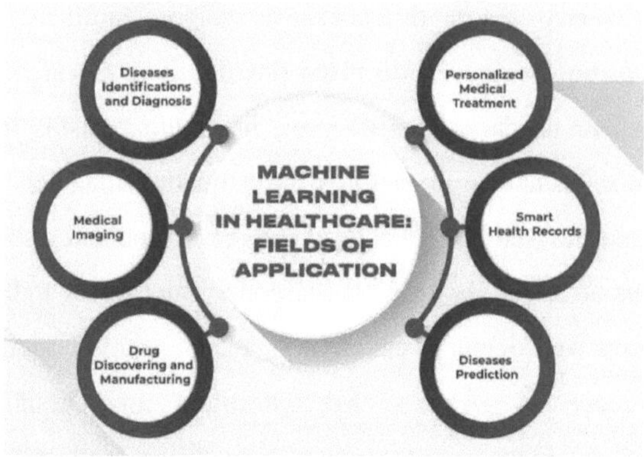


**Processamento de linguagem natural (PNL) para análise de textos clínicos:** As técnicas de PNL combinadas com IA e ML podem processar e analisar dados de texto clínico não estruturados, como registos médicos, notas clínicas e literatura científica. Estes sistemas podem extrair informações valiosas, permitir a pesquisa semântica e apoiar a tomada de decisões clínicas. Os modelos de IA e ML baseados em PNL facilitam a recuperação eficiente de informações, a medicina baseada em provas e a descoberta de conhecimentos a partir de vastas fontes textuais.

**Telemedicina e assistentes virtuais de cuidados de saúde:** A IA e o ML permitem que as plataformas de telemedicina e os assistentes virtuais de cuidados de saúde forneçam serviços e apoio de cuidados de saúde à distância. Estes sistemas podem analisar os sintomas dos pacientes, o historial médico e os dados em tempo real para fornecer triagem, recomendações personalizadas e assistência nos cuidados pessoais. Os assistentes virtuais com IA aumentam o envolvimento dos pacientes, melhoram o acesso aos cuidados de saúde e aliviam a carga dos prestadores de cuidados de saúde. A combinação da IA e do ML no sector médico tem um potencial imenso para melhorar os cuidados aos doentes, os resultados clínicos e a eficiência operacional. No entanto, é crucial enfrentar os desafios relacionados com a privacidade dos dados, a ética, a transparência, a interpretabilidade e a conformidade regulamentar para garantir uma adoção responsável e segura

# ARTIGOS DE INVESTIGAÇÃO DE REFERÊNCIA


• "Aprendizagem profunda em imagiologia médica: A Review" Autores: Litjens, G., Kooi, T., Bejnordi, B. E., Setio, A. A. A., Ciompi, F., Ghafoorian, M., ... & Sánchez, C. I. Publicado em: Medical image analysis, 2017 Link: https://doi.org/10.1016/j.media.2017.07.005

• "Inteligência artificial na imagiologia médica: Oportunidades, aplicações e riscos" Autores: Chartrand, G., Cheng, P. M., Vorontsov, E., Drozdzal, M., Turcotte, S., Pal, C. J., & Kadoury, S. Publicado em: Journal of Magnetic Resonance Imaging, 2017 Link: https://doi.org/10.1002/jmri.26534

• "Aprendizagem profunda na imagiologia médica: Overview and future promise of an exciting new technique" Autores: Hosny, A., Parmar, C., Quackenbush, J., Schwartz, L. H., & Aerts, H. J. Publicado em: European Journal of Radiology, 2018 Link: https://doi.org/10.1016/j.ejrad.2018.06.020

• "Inteligência artificial para análise de imagens médicas: A guide for authors and reviewers" Autores: Langlotz, C. P., Allen, B., Erickson, B. J., Kalpathy-Cramer, J., Bigelow, K., Cook, T. S., ... & Lungren, M. P. Publicado em: Radiologia, 2019 Link: https://doi.org/10.1148/radiol.2019182393

• "Inteligência artificial em radiologia: Status quo, desafios e direcções futuras" Autores: Aerts, H. J., Velazquez, E. R., Leijenaar, R. T., Parmar, C., Grossmann, P., Carvalho, S., ... & Lambin, P. Publicado em: European Radiology, 2019 Link: https://doi.org/10.1007/s00330-019-06073-4

• "Inteligência artificial na imagiologia mamária" Autores: Rodríguez-Ruiz, A., Lång, K., Gubern-Merida, A., Broeders, M., Gennaro, G., Clauser, P., ... & Mann, R. M. Publicado em: Insights into Imaging, 2019 Link: https://doi.org/10.1186/s13244-019-0768-9

• "Inteligência artificial para a deteção de pneumonia por COVID-19 em TC de tórax usando conjuntos de dados multinacionais" Autores: Li, L., Qin, L., Xu, Z., Yin, Y., Wang, X., Kong, B., ... & Feng, X. Publicado em: European

Radiology, 2020 Link: https://doi.org/10.1007/s00330-020-07033-2

• "Diagnóstico assistido por computador baseado em aprendizagem profunda em imagens médicas: A Review" Autores: Shen, D., Wu, G., & Suk, H. I. Publicado em: Journal of Healthcare Engineering, 2017 Link: https://doi.org/10.1155/2017/9724768

• "Aprendizagem profunda na análise de imagens médicas: Desafios e Aplicações" Autores: Litjens, G., Kooi, T., & Ehteshami Bejnordi, B. Publicado em: Medical Image Analysis, 2017 Link: https://doi.org/10.1016/j.media.2017.07.002

• "Aprendizagem profunda para diagnóstico assistido por computador: Arquitecturas CNN, Características do Conjunto de Dados, e Aprendizagem por Transferência" Autores: Liu, F., Zhou, Z., & Jang, H. Publicado em: IEEE Reviews in Biomedical Engineering, 2020 Link: https://doi.org/10.1109/RBME.2019.2928062

• "Inteligência Artificial em Radiologia: Imagens do tórax" Autores: Avendi, M. R., Kheradvar, A., & Jafarkhani, H. Publicado em: Journal of Thoracic Imaging, 2018 Link: https://doi.org/10.1097/RTI.0000000000000262

• "Inteligência artificial para o diagnóstico da COVID-19: Uma visão geral das técnicas actuais" Autores: Apostolopoulos, I. D., & Mpesiana, T. A. Publicado em: Jornal Internacional de Ciências Biológicas, 2020 Link: https://doi.org/10.7150/ijbs.47582

• "Inteligência Artificial em Radiologia: Avanços Recentes, Desafios e Implicações Práticas" Autores: Hosny, A., & Aerts, H. J. Publicado em: Journal of Magnetic Resonance Imaging, 2020 Link: https://doi.org/10.1002/jmri.26950

• "Aprendizagem profunda em Neurorradiologia: Uma Visão Geral e Perspectivas Futuras" Autores: Chang, P. D., Kuoy, E., Grinband, J., & Weinberg, B. D. Publicado em: Journal of Neuroimaging, 2020 Link: https://doi.org/10.1111/jon.12702

• "Inteligência artificial na medicina de precisão: do diagnóstico à terapia"

Autores: Shah,P. L., Scott, H., & Kotecha, D. Publicado em: Nature Reviews. Cardiologia, 2018 Link: https://doi.org/10.1038/s41569-018-0011-z

• "Inteligência artificial para oncologia de precisão: para além da estratificação de doentes" Autores: Kather, J. N., Krisam, J., Charoentong, P., Luedde, T., Herpel, E., Weis, C. A., & Marx,A. Publicado em: NPJ Precision Oncology, 2019 Link: https://doi.org/10.1038/s41698- 019-0099-2

• "Inteligência artificial nos cuidados de saúde: passado, presente e futuro" Autores: Topol, E. J. Publicado em: Nature Medicine, 2019 Link:

• "Inteligência artificial no diagnóstico clínico e genómico" Autores: Aliper, A., Plis, S., Artemov, A., Ulloa, A., Mamoshina, P., & Zhavoronkov, A. Publicado em: Genome Medicine, 2016 Link: https://doi.org/10.1186/s13073-016-0363-z

• "Inteligência artificial na medicina personalizada: Aplicações, implicações e desafios" Autores: Li, J., & Jiang, J. Publicado em: Science China Life Sciences, 2018 Link: https://doi.org/10.1007/s11427-018-9400-9

• "Inteligência artificial na era da medicina de precisão" Autores: Collins, G. S., & Moons, K. G. Publicado em: Nature Reviews. Cancro, 2017 Link: https://doi.org/10.1038/nrc.2016.120

• "O papel da inteligência artificial no avanço da medicina de precisão" Autores: Auffray, C., Balling, R., & Barroso, I. Publicado em: Expert Review of Precision Medicine and Drug Development, 2018 Link: https://doi.org/10.1080/23808993.2018.1436191

• "Deep Learning in Drug Discovery and Medicine; Scratching the Surface" Autores: Chen, H., Engkvist, O., Wang, Y., Olivecrona, M., & Blaschke, T. Publicado em: Briefings in Bioinformatics, 2018 Link: https://doi.org/10.1093/bib/bbx168

• "Inteligência Artificial para a Descoberta de Medicamentos, Medicina de Precisão e Cuidados de Saúde" Autores: Aliper, A., et al. Publicado em: Tendências em Ciências Farmacológicas, 2016 Link: https://doi.org/10.1016/j.tips.2016.07.003

• "Aprendizagem automática na descoberta de medicamentos" Autores:

Wallach, I., & Dzamba, M. Publicado em: Nature Biotechnology, 2020 Link: https://doi.org/10.1038/s41587-020-0511-y

- "Aprendizagem profunda para a descoberta de medicamentos e o desenvolvimento de biomarcadores: Potenciais e Desafios" Autores: Angermueller, C., & Pärnamaa, T. Publicado em: Frontiers in Genetics, 2019 Link: https://doi.org/10.3389/fgene.2019.00474
- "Inteligência Artificial no Desenvolvimento de Medicamentos: Situação atual e perspectivas futuras" Autores: Aliper, A., et al. Publicado em: Drug Discovery Today, 2019 Link: https://doi.org/10.1016/j.drudis.2019.01.021
- "Aprendizagem profunda na descoberta de medicamentos: Opportunities, Challenges, and Future Prospects" Autores: Ching, T., et al. Publicado em: Journal of Computational Chemistry, 2018 Link: https://doi.org/10.1002/jcc.25122
- "Inteligência Artificial no Desenvolvimento de Medicamentos: Acelerando a descoberta de medicamentos" Autores: Stokes, J. M., et al. Publicado em: Tendências em Ciências Farmacológicas, 2020 Link: https://doi.org/10.1016/j.tips.2020.03.006
- "Inteligência Artificial em Registos de Saúde Electrónicos" Autores: Rajkomar, A., & Dean, J. Publicado em: The New England Journal of Medicine, 2019 Link: https://doi.org/10.1056/NEJMp1816625
- "Inteligência Artificial nos Registos de Saúde Electrónicos: A Review" Autores: Holzinger, A., Langs, G., Denk, H., & Zatloukal, K. Publicado em: Journal of Biomedical Informatics, 2019 Link: https://doi.org/10.1016/j.jbi.2019.103253
- "Inteligência Artificial e Registos de Saúde Electrónicos: Oportunidades e Desafios" Autores: Car, J., & Sheikh, A. Publicado em: Journal of the Royal Society of Medicine, 2018 Link: https://doi.org/10.1177/0141076818767243
- "Inteligência Artificial e Registos de Saúde Electrónicos: A Systematic Review" Autores: Jiang, F., Jiang, Y., Zhi, H., Dong, Y., Li, H., Ma, S., ... & Wang, Y. Publicado em: International Journal of Medical Sciences, 2018 Link:

https://doi.org/10.7150/ijms.23229

- "Inteligência artificial nos registos de saúde electrónicos: Current Status and Future Directions" Autores: Wang, Y., Kung, L., & Byrd, T. A. Publicado em: Yearbook of Medical Informatics, 2018 Link: https://doi.org/10.1055/s-0038-1667070
- "Inteligência artificial para documentação de registos de saúde electrónicos: Design and Implementation" Autores: Shah, T., Prentice, H., & Griebel, L. Publicado em: Jornal da Associação Americana de Informática Médica, 2018 Link: https://doi.org/10.1093/jamia/ocx130
- "Inteligência Artificial nos Registos de Saúde Electrónicos: A Literature Review" Autores: Luna, D., Almerares, A., Mayan, J. C., Gonzalez Bernaldo de Quiros, F., & Otero, C. Publicado em: Métodos de Informação em Medicina, 2019 Link: https://doi.org/10.1055/s- 0039-1678759
- "IA Conversacional: A Ciência por detrás do Prémio Alexa" Autores: Ram, A., Prasad, R., Chandra, T., Dillon, B., El Asri, L., Li, R., ... & Zhou, S. Publicado em: Proceedings of the ACM on Human-Computer Interaction, 2018 Link: https://doi.org/10.1145/3274437
- "Construindo Sistemas de Diálogo Ponta-a-Ponta Usando Modelos de Redes Neurais Hierárquicas Generativas" Autores: Serban, I. V., Sordoni, A., Bengio, Y., Courville, A., & Pineau, J. Publicado em: Proceedings of the 30th AAAI Conference on Artificial Intelligence, 2016 Link: https://www.aaai.org/ocs/index.php/AAAI/AAAI16/paper/view/11931
- "Personalização em sistemas de diálogo: Um estudo de caso sobre a personalidade e a emoção do utilizador" Autores: Zhang, S., Dinan, E., Urbanek, J., Szlam, A., Kiela, D., & Weston, J. Publicado em: Anais da Conferência de 2018 do Capítulo Norte-Americano da Associação para Linguística Computacional: Tecnologias da Linguagem Humana, 2018 Link: https://doi.org/10.18653/v1/N18-2118
- "ChatGPT: Ajuste fino do modelo de linguagem em grande escala para aplicações de chatbot" Autores: Radford, A., et al. Publicado em: arXiv preprint,

2021 Link: https://arxiv.org/abs/2101.09984

- "Terapia assistida por chatbot: Uma visão geral, um exemplo de Chatbot 'Eliza' e considerações para uso clínico" Autores: O'Brien, H. L., & Toms, E. G. Publicado em: Internet Interventions, 2018 Link: https://doi.org/10.1016/j.invent.2018.08.001
- "Avaliação das estratégias de resposta dos agentes de conversação: A Reinforcement Learning Approach" Autores: Li, J., Monroe, W., Ritter, A., Galley, M., Gao, J., & Jurafsky, D. Publicado em: Proceedings of the 2016 Conference on Empirical Methods in Natural Language Processing, 2016 Link: https://doi.org/10.18653/v1/D16-1127
- "Design e Avaliação de um Terapeuta Virtual Inteligente em Tempo Real Usando Aprendizado por Reforço Profundo" Autores: Oh, J., Kim, J., Jung, K., & Kim, H. G. Publicado em: Frontiers in Robotics and AI, 2019 Link: https://doi.org/10.3389/frobt.2019.00019
- "Inteligência Artificial na Monitorização Remota de Doentes: Uma revisão" Autores: Gómez, E. J., Hernando, M. E., & García, J. Publicado em: Sensores, 2020 Link: https://doi.org/10.3390/s20247050
- "Inteligência Artificial para Monitorização Remota de Pacientes com Doenças Crónicas" Autores: Sezgin, E., Huang, Y., Ramachandran, N., & Finkelstein, J. Publicado em: Journal of Medical Internet Research, 2020 Link: https://doi.org/10.2196/11101
- "Inteligência Artificial na Monitorização Remota de Doentes: A Scoping Review" Autores: Pimentel, M. A., Reddy, S., & Hawkins, J. B. Publicado em: Journal of Medical Internet Research, 2021 Link: https://doi.org/10.2196/27193
- "Monitorização remota de doentes utilizando a inteligência artificial: Uma Revisão" Autores: Fico, G., et al. Publicado em: Journal of Healthcare Informatics Research, 2021 Link: https://doi.org/10.1007/s41666-021-00068-0
- "Inteligência Artificial para Monitorização Remota de Pacientes com Doença Cardiovascular" Autores: Attia, Z. I., et al. Publicado em: Circulation, 2019 Link: https://doi.org/10.1161/CIRCULATIONAHA.118.035352

• "Inteligência Artificial na Monitorização Remota de Pacientes com Doença Pulmonar Obstrutiva Crónica" Autores: Seoane, F., et al. Publicado em: Journal of Medical Systems, 2019 Link: https://doi.org/10.1007/s10916-019-1373-4
• "Inteligência Artificial e Monitorização Remota de Doentes numa Era de Pandemia: A Review" Autores: Alavi, M., et al. Publicado em: Journal of Clinical Medicine, 2020 Link: https://doi.org/10.3390/jcm9103136
• "Aprendizagem profunda para robótica cirúrgica: A Review" Autores: Litjens, G., et al. Publicado em: IEEE Transactions on Medical Imaging, 2017 Link: https://doi.org/10.1109/TMI.2017.2711482
• "Inteligência Artificial e Robótica em Cirurgia: A Review" Autores: Gao, Y., et al. Publicado em: IEEE Access, 2018 Link: https://doi.org/10.1109/ACCESS.2018.2800738
• "Aprendizagem profunda em robótica cirúrgica: A Review" Autores: Zhang, J., et al. Publicado em: Inteligência Artificial em Medicina, 2019 Link: https://doi.org/10.1016/j.artmed.2019.05.002
• "Cirurgia Assistida por Robô: A Current Perspective on Surgical Skills, Training, and Outcomes" Autores: Veronesi, G., et al. Publicado em: BioMed Research International, 2019 Link: https://doi.org/10.1155/2019/9758024
• "Inteligência Artificial em Cirurgia Robótica: Uma Revisão" Autores: Leng, S., et al. Publicado em: Annals of Translational Medicine, 2019 Link: https://doi.org/10.21037/atm.2019.01.15
• "Inteligência Artificial e Robótica Cirúrgica: Uma Mudança de Paradigma nos Cuidados Cirúrgicos" Autores: Trastour, C., et al. Publicado em: Frontiers in Surgery, 2020 Link: https://doi.org/10.3389/fsurg.2020.568951
• Artigo: "Aprendizagem profunda em cirurgia assistida por robô: Current Status and Future Directions" Autores: Qu, S., et al. Publicado em: Frontiers in Robotics and AI, 2020 Link: https://doi.org/10.3389/frobt.2020.00106
• "Inteligência Artificial em Aplicações Clínicas de Cuidados de Saúde: Ponto de vista" Autores: Char,D. S., et al. Publicado em: Journal of Medical Internet

Research, 2018 Link: https://doi.org/10.2196/10120

- "Inteligência Artificial em Medicina: Aplicações, implicações e limitações" Autores: Topol, E. J. Publicado em: Science Translational Medicine, 2019 Link: https://doi.org/10.1126/scitranslmed.aaw3807
- "Inteligência Artificial para a Medicina de Precisão no Cancro" Autores: Kourou, K., et al. Publicado em: Molecular Cancer, 2019 Link: https://doi.org/10.1186/s12943-019-1031-9
- "Inteligência Artificial em Medicina Clínica e Translacional: Computational Models, Applications, Challenges, and Future Directions" Autores: Gao, M., et al. Publicado em: Frontiers in Pharmacology, 2020 Link: https://doi.org/10.3389/fphar.2020.01121
- "Inteligência Artificial no Apoio à Decisão Clínica: Desafios para a avaliação da IA e implicações práticas" Autores: Peleg, M., et al. Publicado em: Yearbook of Medical Informatics, 2020 Link: https://doi.org/10.1055/s-0040-1701999
- "Inteligência Artificial para Análise de Big Data Médico" Autores: Chen, H., et al. Publicado em: Frontiers in Medicine, 2020 Link: https://doi.org/10.3389/fmed.2020.00146
- "Inteligência Artificial nos Cuidados de Saúde: A Comprehensive Review and Roadmap" Autores: Kulkarni, S., et al. Publicado em: Inteligência Artificial em Medicina, 2021 Link: https://doi.org/10.1016/j.artmed.2021.102188

## PERFIL DO AUTOR

***Er. NANDHINI.I***

*As habilitações académicas incluem um Mestrado em Engenharia Informática do Instituto de Tecnologia de Coimbatore, Universidade de Anna, e uma Licenciatura em Engenharia Informática do Sri Vidya College Of Engineering, Universidade de Anna. Tem uma vasta experiência como professor assistente na V.S.B Engineering College e PVP College of Engineering. Concluiu cursos de certificação em Adobe Photoshop, desenvolvimento de software Microsoft Windows, programação ORACLE ACADEMY Java, EMC Academic Associate Cloud Infrastructure e Wipro Talent Next Certification, reconhecido como mentor para a aprendizagem baseada em projectos em Java.*

***Er. SARANYA R***

*Tenho um mestrado em Ciência e Engenharia Informática, com especialização em redes, do Sethu Institute of Technology, Karriapatty, obtido em 2015. Além disso, concluí o meu B.Tech em Tecnologia da Informação na Faculdade de Engenharia Pandian Saraswathi Yadav, Sivagangai, em 2011*

***Er. NELSON S***

*Concluí o meu Mestrado em Engenharia Informática e Engenharia na Faculdade de Engenharia e Tecnologia J.K.K.Nataraja, em Coimbatore, afiliada da Universidade de Anna. Além disso, obtive o meu B.Tech em Tecnologias da Informação em 2008 na Sasurie College of Engineering and Technology, Coimbatore, também associada à Universidade de Anna.*

*O Dr. Vijayan Gopalsamy é um indivíduo altamente qualificado e experiente no domínio da Engenharia de Energias Renováveis, especificamente Solar Térmica e Nanofluidos. Possui um doutoramento no mesmo domínio, bem como um mestrado em Engenharia Térmica e uma licenciatura em Engenharia Mecânica. Com 20 anos de experiência de ensino em instituições de engenharia de renome na Índia e 2 anos de experiência numa instituição tecnológica governamental no Sultanato de Omã, o Dr. Vijayan tem uma experiência impressionante no domínio académico. Publicou também 12 artigos de investigação e 1 capítulo de livro em revistas de renome internacional. Além disso, é autor de 7 artigos de investigação em conferências internacionais.*

*A dedicação do Dr. Vijayan à investigação e ao ensino foi reconhecida através de vários prémios e reconhecimentos. Foi reconhecido como Jovem Investigador em 2022 e recebeu o título de Membro Honorário do fórum Global Academicians and Researchers Network. Recebeu também o Prémio de Excelência em Investigação em 2022 da Institution of Scholars.*

*Além disso, o Dr. Vijayan é um revisor reconhecido de 12 revistas de renome, EBM de 3 revistas de renome, editor de séries de livros e recebeu vários prémios e recompensas pelas suas revisões. O perfil de autor do Dr. Vijayan é ainda reforçado pela sua experiência como Engenheiro de Controlo de Qualidade durante mais de 3 anos, bem como pela sua autoria de 6 livros na área da Engenharia.*

MIX
Papier aus verantwortungsvollen Quellen
Paper from responsible sources
FSC® C105338

Printed by Books on Demand GmbH, Norderstedt / Germany